Benjamin Radcliff / Amy Radcliff

Zen denken

HERDER spektrum

Band 5316

Das Buch

Die überzeugendste Einführung in das Zen – der westliche Zugang. Wer das einhändige Klatschen nicht hört und doch fasziniert ist vom paradoxen Koan und der Meditation: dem bietet dieses Buch einen neuen, anderen Zugang. Die Autoren machen Zen zugänglich, indem sie ihn entstauben. Und trotzdem bieten sie keine verwässerte Version. Für sie ist Zen Bestandteil der Grundbefindlichkeit des Menschen. Einleuchtend, präzise, nachvollziehbar und verstehbar wird der Weg beschrieben, der sich rationalem Verstehen normalerweise geheimnisvoll entzieht und vor allem strenge, meditative Disziplin verlangt. Benjamin und Amy Radcliff entfalten die Konzeption des Zen auf ganz westliche Weise – ohne seine buddhistischen Ursprünge zu verleugnen. Nicht esoterische Bemühungen führen zur Erleuchtung. Verstand und die Erfahrung sind unsere Möglichkeit, sich dem Zen zu nähern. Auch wenn Zen die Logik weit überschreitet, ist es keine unlogische Pseudomystik. Gerade für Leser und Leserinnen, die nicht mit dem Buddhismus vertraut sind, führt der Weg zur Erleuchtung nicht nur über den Lotussitz. Zen mit subversiver Sprengkraft – ein Buch für alle, die im Leben mehr als Ordnung haben wollen. Geistreich, anregend und aufschlussreich – dieses Buch ist die Grundlage dessen, was man „Zen des Westens" nennen kann.

Die Autoren

Benjamin Radcliff ist Professor an der Universität von Notre Dame. Amy Radcliff lehrt an der Universität von Illinois.

Benjamin Radcliff / Amy Radcliff

Zen denken

Eine Einführung

Aus dem Englischen von Bernardin Schellenberger

HERDER

FREIBURG · BASEL · WIEN

Gedruckt auf umweltfreundlichem,
chlorfrei gebleichtem Papier

Alle Rechte vorbehalten – Printed in Germany
© Verlag Herder Freiburg im Breisgau 2003
www.herder.de
Herstellung: fgb · freiburger graphische betriebe 2003
www.fgb.de
Umschlaggestaltung und Konzeption:
R · M · E München / Roland Eschlbeck, Liana Tuchel
Umschlagbild: Alex Katz, Seagull II, 1989, © VG Bildkunst, Bonn 2002
ISBN 3-451-05316-0

Inhalt

Die Logik des Zen

In allen Dingen gibt es Ursachen und Gründe für ihr Warum und Wozu.   *William Shakespeare*

Logische Konsequenzen – das sind für Toren Vogelscheuchen und für Weise Leuchtfeuer.   *T. H. Huxley*

Der Mensch als rationales Wesen versucht, sein Leben zu verstehen. Leider scheinen alle Disziplinen: Wissenschaft, Logik und unsere eigene Erfahrung, den Schluß nahezulegen, das Leben sei bar jeder endgültigen Bedeutung, jedes Zwecks oder Sinns. Wir scheinen nicht mehr zu sein als kurzlebige Zufallsprodukte der Evolution, die nur geboren sind, um zu sterben. So ergibt sich die unbefriedigende Tatsache, daß es gerade unsere Fähigkeit zum vernünftigen Denken ist, mit der wir unser Leben in Frage stellen und durchleuchten können, die uns auch deutlich vor Augen führt, daß unser Dasein letztlich nutzlos und vergänglich ist.

Diese existentielle Angst, buchstäblich nichts zu sein, ist ein wichtiger Grund für die Faszination, die mystische oder religiöse Erfahrungen und Systeme wie das Zen ausüben. Von ihnen glaubt man, sie könnten einen tieferen Sinn oder ein umfassendes Geheimnis des Lebens erschließen. Denn wenn das Leben einen Sinn haben soll, dann läßt er sich offensichtlich nur in einer qualitativ anderen Form von Erfahrung als der uns geläufigen finden. Weil das Mystische das allgemein Übliche übersteigt, kann es folglich unmöglich in Begriffe logischer Systeme (wie die Sprache eines ist) gefaßt werden, die ihrer Definition nach nur mit Greifbarem umgehen. Zen logisch „erklären" heißt daher ungefähr das gleiche, wie einem Blinden das Sehen erklären: Letztlich kann man das nicht, und zwar aus dem einleuchtenden Grund, weil sich das Sehen nicht auf die übrigen vier Sinne zurückführen läßt, d. h. also, weil es sie übersteigt. Folglich neigt ganz allgemein die Literatur über Mystik und speziell über Zen dazu, ziemlich verschwommen zu bleiben, weil wir nicht an der Tatsache vorbeikommen, daß wir nicht über das geeignete Handwerkszeug verfügen, um das Thema präzise und sinnvoll anzugehen.

Glücklicherweise können wir jedoch immerhin die Logik des Weges untersuchen, der zur mystischen Erfahrung führt, sowie die Konsequenzen, die sich aus dieser Erfahrung ergeben. Oder anders gesagt: Zwar können wir mit unseren begrenzten Mitteln der Sprache nicht das Zen an sich angemessen beschreiben, wohl aber das, was wir in Ermangelung eines besseren Begriffs als „die Logik des Zen" bezeichnen wollen. Wir meinen damit den Prozeß rationalen Argumentierens, durch den der menschliche Geist einen intuitiven Sprung ins Zen hinein tun kann.

Unserer Auffassung nach stehen folglich Zen und Rationalität nicht im Gegensatz zueinander, sondern ergänzen sich gegenseitig, und zwar so, daß das eine das andere einschließt. Wir nehmen uns vor, die Rationalität so einzusetzen, daß sich die Tür zum Zen auftut, und hoffen, daß dieser Ansatz zugänglicher und leserfreundlicher ist als das, was die herkömmliche Literatur bietet, nämlich impressionistische Tupfer vom Zen und endlose Kreisbewegungen um das Eigentliche.

Wir schulden vielen Menschen großen Dank dafür, daß sie unser Denken über diese Thematik maßgeblich beeinflußt haben. Alle können wir hier gar nicht aufzählen, aber ganz besonders möchten wir die Werke folgender Autoren erwähnen: Masao Abe, Fritjof Capra, Douglas Hofstadter, C. G. Hempel, Hermann Hesse, Robert Heilbroner, David Hume, Thomas Kuhn, Imre Lakatos, Karl Marx, Karl Popper, Pierre-Joseph Proudhon, Arthur Schopenhauer, D. T. Suzuki und Alan Watts. Wir bedanken uns bei Pat Aylward, Gerry Berk, Paul Gabel, Gretchen Hower, Tom Lavrakas, Alex Pacek, Paul Pudaite und Greg Romano dafür, daß sie Teile von Vorentwürfen gelesen und kommentiert haben. Herzlichen Dank auch allen im Verlag Tuttle, die uns im Verlauf der Entstehung dieses Werks unterstützt und ermutigt haben.

London, am 20. Mai 1992
Benjamin Radcliff
Amy Radcliff

Für Linda Caise und Anne Gille
und
zur Erinnerung an Kenneth Gille und
Mildred Mosier

1. KAPITEL

Zugang zum Zen

Die Wahrheit ist ein wegloses Land.   Krishnamurti

Der Erleuchtung ist es egal, wie du sie erlangst.

Thaddeus Golas

Das Zen-Establishment verkündet recht vollmundig, das Zen sei eine universale Lehre, aber es bleibt notorisch kleinkariert, wenn man diese Behauptung ernst nimmt. Innerhalb dieses Establishments gibt es zwar einen gewissen Pluralismus, gleichwohl aber handelt es sich um ein vergleichsweise stark in sich abgeschlossenes Universum, das in Dogma, Ritual und Tradition festgefahren ist. Das traurige Ergebnis dieser Engstirnigkeit ist, daß die meisten Schilderungen des Zen für westliche Leser ziemlich unverständlich bleiben. Mit der vorliegenden Darstellung unternehmen wir den Versuch, das Zen zugänglicher zu machen, indem wir die dicken Schichten orthodoxer Traditionen ablösen, mit denen man es zugedeckt hat. Wir wollen das Zen als eine profane Lehre vorstellen, die nicht unbedingt etwas mit dem Buddhismus oder mit der östlichen Kultur zu tun haben muß.

In den letzten Jahrzehnten sind Versuche, das Zen aus seinen buddhistischen Ursprüngen herauszulösen, vehement in Frage gestellt und als „Irrwege" bezeichnet worden, die die Integrität des Zen zutiefst beeinträchtigen. Auf der abstrakten, theoretischen Ebene mag es stimmen, daß man das Zen nicht völlig vom Buddhismus lösen kann, denn die mit dem Zen verbundene Erfahrung (die wir genauer im 5. Kapitel beschreiben werden) ist zweifellos eine buddhistische. Dennoch ist diese Frage nicht von Belang, weil sie bar jeder praktischen Bedeutung ist. Man muß weder Buddhist werden noch irgendwelche Vorkenntnisse über den Buddhismus haben, wenn man Zen erfahren und schätzenlernen will. Die Theoretiker mögen ruhig weiter über den inneren Zusammenhang zwischen Zen und Buddhismus diskutieren. Solche Dispute sind moderne Varianten jener scholastischen Gedankenspielereien über Fragen von der Qualität des berühmten Problems, wie viele Engel auf einer Nadelspitze Platz haben. Während der Buddhismus eine Religion ist, ist das das Zen bestimmt nicht.

Die vehemente Abneigung gegen ein allgemein zugängliches, profanes Zen ist zum großen Teil eine Reaktion auf die „Popularisierung" des Zen, wie sie Beats, Allan Watts und (wie manche meinen) sogar D. T. Suzuki unternommen haben. Das Establishment ist offensichtlich zur Überzeugung gekommen, intellektuelle Darstellungen des Themas nährten eine Art Pseudo-Zen, das genau auf jenen mentalen Prozessen beruhe, die der wirkliche Zen-Schüler zu vermeiden sucht. Die Folge ist, daß sich das Establishment reaktionär gebärdet und sich hinter der elitären Mentalität verschanzt hat, es müsse um jeden Preis den „wahren Glauben" verteidigen. Gemäß dieser „wahren Lehre" ist das Zen ein schrecklich feierliches und mühsames Unternehmen, an das sich nur solche wagen dürfen, die bereit sind, sich mit Haut und Haar auf die Tradition gemäß den überlieferten japanischen Methoden einzulassen. Das bedeutet in Wirklichkeit eine bedauerliche Perversion des Geistes, um den es im Zen geht. Wir glauben, es sei durchaus möglich, den Weg ins Zen mit Hilfe konventioneller Alltagssprache ausdrücklich und direkt zu „erklären", und zwar so, daß es jeder intelligente, neugierige Leser auch verstehen und nachvollziehen kann.

Ein solches Unterfangen muß nicht unbedingt eine verwässerte Version des Zen zur Folge haben. Der Gegenstand an sich verlangt nicht notwendigerweise, daß man um der Zugänglichkeit willen Tiefe opfern müsse. Es besteht kein Konflikt zwischen einer lesbaren und einer rigorosen Darstellung des Zen, sondern zwischen einer allgemeinverständlichen und einer vorsätzlich exklusiven.

Die Ansätze zur derzeit üblichen elitären Darbietung des Zen lassen sich in der Natur des Themas selbst finden. Beim Studium des Zen handelt es sich um das Studium der Struktur und der Bedeutung menschlicher Erfahrung, das wir unternehmen, um uns selbst und das Universum, dessen Bestandteil wir sind, richtig zu verstehen. Eine solche Aufgabe muß ja geradezu abstrus erscheinen. Selbst unter Zen-Anhängern, die es besser wissen müßten, gibt es die Neigung, sich das Zen als etwas schrecklich Tiefsinniges und Geheimnisvolles vorzustellen – sozusagen als das philosophische Gegenstück zur Hochenergie-Physik. So wird die Vorstellung, ein gewöhnlicher Mensch sei imstande, das Zen auszuloten, genauso absurd wie der Gedanke, der Durchschnittsbürger, ohne jede Kenntnis in höherer Mathematik und theoretischer Physik, könne die Quantenmechanik oder die Allgemeine Relativitätstheorie richtig begreifen. Darf man den vorherrschenden Stimmen in der Zen-Gemeinde Glauben schenken, so kann man das Zen nur auf die gleiche Weise wie die Physik erlernen – in langem, mühsamem, diszipliniertem Studium unter der Anleitung von Leuten, die den Weg bereits kennen. Genauso wie nur sehr wenige unter uns die Zeit oder Möglichkeit haben, ein Diplom in höherer Physik zu erwerben, haben natürlich auch nur wenige die Neigung, das Zen formell unter Führung eines Meisters zu studieren.

Die Art und Weise, wie man traditionellerweise den Unterricht im Zen erteilt, wird durch die folgende, sehr typische Anekdote illustriert. Ein Zen-Meister hielt einer

Gruppe von Psychoanalytikern einen Vortrag zum Thema: „Was ist Zen?" Er stellte sich vor seine Zuhörer, schälte in aller Ruhe eine Banane und verspeiste sie. Ein Zuhörer, der verständlicherweise perplex war, fragte, ob der Meister dazu einige Erläuterungen geben könne. Das tat dieser, indem er dem Frager die Bananenschale ins Gesicht warf. Aber die Zuhörerschaft drängte weiter auf eine verständlichere Antwort, und schließlich ließ sich der Meister zum Spruch herab: „Zen ist ein Elefant, der mit einer Fliege kopuliert." [1]

Auf diese Art Erfahrung sind zwei Reaktionen möglich.

Die erste besteht in der Annahme, das Zen sei derart „tiefsinnig", daß tatsächlich diese Nonsens-Antwort das einzig Angemessene sei. Trotz oder gerade wegen der Sinnlosigkeit der Antwort macht man uns glauben, hier sei etwas ungeheuer „Tiefes" im Gange. Gewiß, wir haben keinerlei Zugang zu dieser Tiefe, aber wir sind sicher, daß es sie gibt.

Ein zweiter und weniger ehrfürchtiger Schluß wäre der, daß der Meister seine Zuhörerschaft absichtlich in die Irre führt und durcheinanderbringt. Dieser zweite liegt näher.

Das Zen-Establishment rechtfertigt gewöhnlich seine Weigerung oder Unfähigkeit, sich auf eine für den westlichen Leser allgemeinverständliche Weise auszudrücken, damit, daß es im Zen (wie wir sehen werden) im Wesentlichen darum geht, alle Worte und Begriffe hinter sich zu lassen. Ja, die als „Zen" bezeichnete Erfahrung besteht genau darin, alle herkömmlichen Gedanken, Begriffe und Worte zu transzendieren oder zu überschreiten. Weil es im Zen nicht um Worte oder die Begriffe geht, die sie verkörpern, ist es unvorstellbar, daß man zu seiner Erklärung Worte benützen könnte. Gesetzt den Fall, das Zen wird als gerades Gegenteil von allen theoretischen oder abstrakten Begriffen

---

[1] von Philip Kapleau, *Zen: Dawn in the West*, Beacon Press, Boston 1982.

gesehen, scheint jeder Versuch lächerlich, es trotzdem mit Hilfe solcher Begriffe beschreiben zu wollen. Im wesentlichen geht es also darum, daß es ein logischer Widerspruch zu den Grundprinzipien des Zen ist, eine Reihe philosophischer Sätze zu entwickeln, anhand derer man Zen „erklären" will. Wer sich an dieser Art philosophischer Analyse versuche, so heißt es, verfehle unweigerlich das, worum es eigentlich geht.

Folglich haben Vertreter des Zen im allgemeinen argumentiert, jeder Versuch, das Thema zu erörtern, müsse sich statt einer expliziten und analytischen einer indirekten und suggestiven Sprache bedienen. Man beschreibt das Zen also ziemlich genau so, wie man einen dreidimensionalen Gegenstand – sagen wir, einen Würfel – auf einer zweidimensionalen Schultafel beschreibt: indem man den Schattenriß des transzendentalen Gegenstands in der herkömmlichen Welt aufzeichnet. Ein Würfel transzendiert die Möglichkeiten einer zweidimensionalen Tafelfläche, und genauso transzendiert die Erfahrung des Zen die Niederungen unserer Begriffe und Vorstellungen. Die Zen-Literatur „verweist" deshalb, statt daß sie „beschreibt", denn das Beschreiben ist unmöglich. Folglich kann die gesamte Literatur nicht *mehr* Zen sein, als die Rißzeichnung auf der Tafel ein Würfel sein kann. Zeichnung wie Worte sind nicht mehr als ein schwacher Abklatsch, als ein Hinweis auf das eigentlich Gemeinte. Solche Hinweise mögen das Bestmögliche sein, was sich mitteilen läßt, aber sie hinterlassen den Eindruck, beim Zen sei es wie bei der Gnade – sie schwebt unsichtbar im Raum und wartet darauf, gefunden zu werden, aber kein Mensch weiß, wie man sie finden kann.

Die Einstellung, jede Diskussion über das Zen könne und dürfe nur indirekt sein, liegt einem Großteil der rätselhaften Sprüche der Zen-Lehrer zugrunde. Ein typisches Beispiel: Ein Schüler fragt einen *roshi* (einen „diplomierten" Meister, der Zen „lehren" darf), warum sich „die Zen-Meister keinerlei Mühe geben, den Leuten die Sache genauer zu erklären". Nach einigem Hin und Her, bei dem sich der *roshi* wiederholt weigert zu erklären, weshalb die Zen-Lehrer nichts erklären, sagt er zum Schüler: „Zen ist nicht für dich."[2]

Der Leser, dessen Sympathien eher beim Schüler als bei diesem *roshi* liegen, wird kaum von einem weiteren Phänomen des Zen begeistert sein, nämlich vom sogenannten *koan*. Eine der wichtigsten Formen der Unterweisung im (Rinzai-) Zen, der *koan* oder Rätselspruch, enthält irgendeine wichtige Einsicht, die der Schüler entdecken soll. Einer der bekanntesten *koan* ist die Frage: „Wie tönt das Klatschen der einen Hand?" Offensichtlich ist diese Frage absurd, denn bekanntlich braucht man zum Klatschen zwei Hände. Da es also auf diese Frage keine einleuchtende Antwort gibt, hält der Schüler nach einem „tieferen" oder symbolischen Sinn Ausschau, den es aber gar nicht gibt. So wird der *koan* zur Aufforderung, ein viereckiges Dreieck zu zeichnen. Dabei geht es ausdrücklich darum, zu verwirren und zu frustrieren, bis man sich schließlich in seiner Verzweiflung gezwungen sieht, alles begriffliche Denken aufzugeben. Ist man an diesen Punkt gelangt, hat man den *koan* „gelöst", indem man gelernt hat, den künstlichen und einengenden Raster des herkömmlichen Denkens zu sprengen.

So vertieft man sich traditionellerweise in das Zen mittels eines mühsamen Prozesses der Folterung des Vernunftdenkens, bis letzteres kapituliert. Diese Praxis und die damit verbundenen langen Zeiten der Sitzmeditation (*zazen*) bilden die Grundlagen der Einübung ins Zen. Nun ist zwar stets energisch behauptet worden, man könne dieses zutiefst japanische System nicht einfach aus seinem Kontext lösen und in die westliche Welt transplantieren, aber

---

[2] Kapleau, ebd.

bei den meisten Versuchen, eine spürbar andere, westliche Version der Einführung ins Zen zu schaffen, ist nicht mehr zustande gekommen als eine leichte Abwandlung der japanischen Einweisung für den westlichen Geschmack. Statt den gesamten mönchischen Kontext, in dem das japanische Zen entstanden ist und gepflegt wird, grundsätzlich zu hinterfragen, haben sich die Revisionisten darauf beschränkt, lediglich leichte Veränderungen einzuführen, um der zeitgenössischen Kultur ein wenig entgegenzukommen. Im wesentlichen aber bleibt das Zen-Establishment strikt der Vorstellung verhaftet, ohne lang anhaltendes formelles Einüben anhand des japanischen Modells, angereichert durch eine intensive *roshi*-Schüler-Beziehung, sei es grundsätzlich unmöglich, zur Erleuchtung zu gelangen. Folglich sei jeglicher Versuch, das Zen intellektuell zu „studieren", von vornherein zum Scheitern verurteilt, oder, noch schlimmer, er führe in die psychische Abhängigkeit von einem *falschen* Zen. In den Augen aller, die in der japanischen Tradition ausgebildet sind, erfordert die „Meisterschaft" im Zen ungeheuren, hingebungsvollen Einsatz, langes Einüben und die Unterwerfung unter eine Autorität. Die Erleuchtung, so lautet die Begründung, kann nur durch Hingabe und ungeteilte Absicht, sie zu erlangen, erreicht werden. Im Idealfall besteht der Weg dahin aus einer langen Zeit des Übens im Zen-Kloster; wer das nicht kann, muß zumindest als „Mönch auf Zeit" an Kursen für Externe teilnehmen.

Eine solche Sicht halten wir für elitär, der westlichen Kultur nicht angemessen und im Widerspruch zum Geist des Zen. Statt dessen sind wir wie der Mönch Dogen der Auffassung, man brauche keine Klöster und keine Lehrmeister, denn die Erleuchtung sei etwas, das grundsätzlich für jeden und jederzeit erreichbar ist. Kurz gesagt, die Erleuchtung ist ein Prozeß, der jetzt in diesem Augenblick einsetzen kann, ohne Hilfe eines *roshi*, ohne Mönchsleben, ohne Askese und ohne das, was Charlotte Joko Beck zu Recht als die durch langes *zazen* herbeigeführte „tödliche Verzweiflung" bezeichnet hat. Dieses Buch vertritt die unmoderne Auffassung, daß das Zen zwar auf seine Weise ungemein tief, aber durchaus nicht derart komplex oder esoterisch ist, als daß man es überhaupt nicht außerhalb einer Schüler-Meister-Beziehung studieren und erfahren könnte. Das Zen ist Bestandteil der Grundbefindlichkeit des Menschen. Um es wahrzunehmen, braucht man nicht unbedingt einen Meister, einen Guru oder irgendeine höchst spezielle Methode.

Ein solcher Zugang läuft der gegenwärtigen Welle der Zen-Literatur radikal zuwider. Was wir vorhaben ist genau das, wovon andere behaupten, es sei unmöglich: Wir wollen eine klare, präzise und vernünftige Beschreibung des Zen vorlegen. Zwar ist es im buchstäblichen Sinn völlig unmöglich, das Zen in klare Begriffe zu fassen und es anhand solcher zu verstehen, aber es ist durchaus möglich, in herkömmlicher Sprache zu formulieren, worum es im wesentlichen beim Zen geht. Mag der Inhalt der „Erfahrung", die den Gipfelpunkt des Zen darstellt, tatsächlich jenseits unserer Sprache und Begriffe liegen, die Logik, die zu dieser Erfahrung führt, und die praktischen Konsequenzen, die sich daraus ergeben, lassen sich durchaus einigermaßen gründlich erklären. So geht es uns also strenggenommen nicht darum, in rationaler Begrifflichkeit das *Zen* an sich zu beschreiben, sondern rational und verständlich den *Weg zum Zen* darzustellen.

Sowohl das Arbeiten mit dem *koan* als auch das Meditieren haben das gleiche Ziel, selbst wenn die Methode unterschiedlich ist. In beiden Fällen geht es darum, den Schüler in etwas einzuführen, was man ihm nicht theoretisch beibringen kann. Die traditionelle Methode ist vom Ansatz her negativ: Sie wirft dem Neuling Knüppel zwischen die Beine, damit ihm seine übliche Denkungsart verleidet wird. Wir wählen einen positiven Zugang zum selben Ziel.

Statt das Denken zu vergraulen und äußerste Frustration zu wecken, wollen wir den direkteren, weniger schmerzlichen Weg der Ermutigung und des Erklärens einschlagen. Üblicherweise wird zur Ausbildung die Peitsche verwendet; wir versuchen es mit Zuckerbrot.

Fangen wir mit der Feststellung an, daß das Zen zwar die Grenzen der Logik weit überschreitet (weil es sich jenseits aller Begriffe begibt), daß es aber dennoch nicht bloß ein unlogischer Mischmasch von pseudo-mystischem Unsinn ist. Man sollte es eher so sehen, daß die Logik dabei nicht mehr unbedingt nützlich ist. Der Weg bis zu dieser Einsicht kann indes durchaus überschaubar und logisch sein. Das ist so ähnlich, wie wenn man mit Hilfe logischer Mittel eine Erfahrung oder Tätigkeit beschreibt, die dem anderen helfen kann, die gleiche Erfahrung zu machen oder die betreffende Tätigkeit selbst auszuführen. Oder, um ein einfaches Beispiel zu gebrauchen, man kann das Fallschirmspringen mit Hilfe von physikalischen Daten und praktischen Hinweisen lernen, aber wenn man dann wirklich springt, geht man über alle Begriffe und Vorstellungen davon hinaus. Wir hoffen also, es gelingt uns, begrifflich und logisch eine Karte zu zeichnen, die den Weg dorthin weist, wo man alle Begriffe und alle Logik hinter sich läßt – also, anders gesagt, ins Zen.

Noch einmal: Wenn wir diese Methode wählen, entfernen wir uns vom Zen, wie es traditionsgemäß gelehrt wird. Jedoch ist diese Tradition selbst nur ein bedingtes System von Vorstellungen und Begriffen. Ja, vom Wesen des Zen her gesehen ist die gesamte Tradition lediglich ein mentaler Wirrwarr. So stehen wir vor dem ersten – und vielleicht sympathischsten – Paradox des Zen: Man kann die gesamte Zen-Tradition zur Seite schieben und gerade dadurch in bester Zen-Tradition handeln.

Trotzdem erheben vielleicht Vertreter der reinen Lehre den Einwand, wir ließen uns auf etwas Widersprüchliches ein. Sie könnten sagen: Es ist eine Illusion, zu glauben, man könne die Grenzen seines Intellekts überschreiten, wenn man am Intellekt festhält. Darin liegt ein Trugschluß. Sie sehen nicht, daß jeder Versuch, das gewöhnliche Bewußtsein zu überschreiten, bei diesem Bewußtsein ansetzen und eine Methode bieten muß, über es hinauszugelangen. Der *koan* ist sicher eine solche Methode. Man müht sich und plagt sich, das Rätsel zu lösen, bis man nicht nur sieht, sondern auch spürt, daß es keine Lösung gibt – daß das Problem in der eigenen Denkweise und nicht im *koan* als solchem liegt. Die Methode des Arbeitens mit einem *koan* besteht folglich darin, das konventionelle Denken so lange einzusetzen, bis man hart an die Grenzen dieses Denkens stößt. Was wir unternehmen wollen, folgt einer ähnlichen Logik. Wir setzen beim gewöhnlichen Bewußtsein an und zeigen dann anhand konventionellen Argumentierens, weshalb es unzureichend ist. Beide Wege führen zum selben Ziel, d. h. zum Zen.

Wir unterstellen nicht, jemand könne die Erleuchtung erlangen, indem er ein Buch liest. Niemandem bleibt der schwierige Kampf erspart, dem Gefängnis seines dualistischen Denkens zu entkommen. Wir bieten keine einfachen Lösungen; Einsichten kann man nicht tiefgefroren und mikrowellenfertig frei Haus liefern. Wir wollen statt dessen lediglich sagen, daß sich ein gutes Stück des Weges auf der Suche nach Erleuchtung auf relativ schmerzlose Weise zurücklegen läßt, wenn man den Geist ermutigt, statt ihn zu frustrieren.

Es geht in die gleiche Richtung, wenn wir die romantische Auffassung in Frage stellen, der zufolge es sich beim Zen um das Kultivieren eines Stückes großartiger Irrationalität handelt, das überlebt hat, weil es alle Möchtegern-Mystiker fasziniert, die unsere rationalistische Kultur satt haben. Im Gegenteil: Wir sind überzeugt, daß das Zen besonders anziehend für Menschen ist, die solche Antworten suchen, aber nicht finden können, die den Erfordernissen der Vernunft und der Erfahrung entsprechen; für Menschen, die aus demselben Grund nicht an Geister und Engel glauben, aus dem sie nicht an den Weihnachtsmann glauben; und für Menschen, die nicht glauben, es gebe auf die schwierigen Probleme des Lebens einfache Antworten. Das Zen bietet eine Antwort, indem es in Abrede stellt, daß Antworten nötig oder möglich seien. Statt dessen vertritt es die These, keinerlei Philosophie oder Religion sei in der Lage, die Wirklichkeit angemessen zu beschreiben.[3] Es geht so weit, dies auch auf sich selbst anzuwenden: Wenn man das Zen „versteht", lernt man vor allem, es hinter sich zu lassen.

Mit anderen Worten: Das Ziel des Unternehmens, nämlich das Zen zu erfahren, liegt selbst jenseits des Zen. Dieser Punkt ist äußerst wichtig, denn er betrifft die Schlüssigkeit der Methode, die wir anwenden, um das Zen zu „erklären". Wie bereits gesagt, ist es unmöglich, das Zen in sprachliche Begriffe zu fassen. Wir haben deshalb vom Zen als von einer „Erfahrung" gesprochen, deren Inhalt man nicht durch Erörterungen erfassen kann, sondern nur, indem man die Erfahrung selbst macht. Doch strenggenommen ist es auch nicht korrekt, das Zen lediglich als eine Erfahrung zu be-

---

[3] Religion wie Philosophie bleiben „außer-weltlich", d. h., sie versuchen das Problem des Lebens zu lösen, indem sie auf Elemente zurückgreifen, die außerhalb des Lebens liegen. Die Religion behauptet, Erlösung sei möglich in Form einer dereinstigen Auswanderung in eine andere, bessere, unvorstellbare Welt. Die Philosophie stützt sich auf Theorien, die das Chaos der Wirklichkeit wegerklären. Auf diese Weise verlangen beide letztlich theoretisch oder praktisch einen Sprung des Glaubens. Die Religion verlangt, man müsse an eine andere Daseinsweise jenseits der uns erfahrbaren glauben. Die Philosophie verlangt, man müsse glauben, daß sich die Wirklichkeit auf Begriffe und Abstraktionen zurückführen lasse und daß man folglich das Leben auf etwas anderes reduzieren könne. Das Zen hingegen verlangt, daß man gar nichts unterstelle, gar nichts glaube, gar nichts glaubend voraussetze. Statt eine Welt jenseits des Todes zu postulieren, die besser ist als die uns erfahrbare Welt, oder eine Welt der Worte und Symbole in der Tiefe der unserem Tagesbewußtsein zugänglichen Welt, konzentriert sich das Zen ausschließlich auf die sinnenhaft wahrnehmbare Welt. Indem es das tut, bietet es eine direkte und unmittelbare Antwort anhand des Lebens selbst.

zeichnen. Die Gründe dafür werden im folgenden Kapitel deutlicher gezeigt werden. Dieses Beispiel erhellt gut das grundlegende Problem, auf das man stößt, wenn man das Zen „erklären" will: Das Zen läßt sich seinem Wesen nach nicht erklären. Sobald man sagt: „Zen ist eine Erfahrung", sieht man sich gezwungen, genauso entschieden zu sagen, es sei keine Erfahrung. Das ist ziemlich verwirrend und einer der Gründe, warum bei der üblichen Hinführung jegliche Erklärung verweigert wird.

Ein Ausweg aus dem Dilemma besteht darin, einzusehen, daß wir einigermaßen Zutreffendes nicht darüber sagen können, *was* das Zen ist, wohl aber darüber, *wie* das Zen ist. Wir fangen also mit Aussagen an, die strenggenommen falsch sind, aber der Wahrheit so nahe wie nur irgend möglich kommen. Indem wir versuchsweise solche Aussagen akzeptieren, steigen wir eine Leiter voller halber Wahrheiten hinauf; haben wir aber die Spitze der Leiter erreicht, können wir zurückschauen und ihre einzelnen Sprossen richtig einschätzen. So wagen wir es also, positive Aussagen über das Zen zu machen, nicht weil solche Aussagen absolut wahr wären, sondern weil es hilfreich ist, sie zu formulieren. Sie helfen nämlich, eine Verstehensgrundlage zu schaffen, die schließlich die größere Wahrheit erschließt, von der sie lediglich ein schwacher Abklatsch sind. Im Verlauf der Darstellung werden sie selbst offenbaren, daß sie das Zen nur unzulänglich beschreiben. So können wir also durchaus bei der Aussage ansetzen, das Zen sei eine Erfahrung; je weiter wir die Leiter hinaufsteigen, desto deutlicher werden wir sehen, inwiefern und warum Zen dann doch keine Erfahrung ist.

Um das Folgende vorwegzunehmen, wollen wir behaupten, der erste Schritt auf dem Weg in Richtung Zen lasse sich auf den folgenden, nicht besonders sensationellen Nenner bringen:

Zwischen den Vorstellungen, Begriffen und Symbolen und der Wirklichkeit, auf die diese Vorstellungen, Begriffe und Symbole verweisen, besteht ein grundsätzlicher Unterschied.

Auf den ersten Blick leuchtet es schwer ein, weshalb eine solche Binsenwahrheit der Ausgangspunkt für eine Einsicht in die Grundstruktur der Wirklichkeit sein könnte. Es ist ganz offensichtlich, daß das Wort „Baum" etwas ganz anderes ist als die große, blattreiche Pflanze, auf die es sich bezieht. Genauso ist der Begriff „Baum" als allgemeiner Begriff, mit dem wir bestimmte Gegenstände einordnen, nur ein Konstrukt unseres Geistes; er ist nicht von gleicher Qualität wie wirklich vorhandene Bäume.

Obwohl dies also ganz selbstverständlich ist, übersehen wir es doch ständig. Im Zen geht es darum, daß einem aufgeht – und zwar in lebendiger Erfahrung, spontan, unmittelbar und persönlich –, wie wahr das ist. Ein radikaler Wandel in der Art, wie wir die Welt und uns selbst sehen, ergibt sich daraus, daß wir die durch und durch nicht-selbstverständlichen Konsequenzen dieser Erkenntnis ernst nehmen.

2. KAPITEL

Die Höhlen der Vernunft

Keine Wahrheit ist gewisser, steht unabhängiger als alle andern da und bedarf weniger des Beweises als diese: daß all dies um des Wissens willen da ist. Folglich ist diese ganze Welt lediglich Objekt für ein Subjekt, Wahrgenommenes eines Wahrnehmenden, in einem Wort: Idee.

Arthur Schopenhauer

Das Interessante am logischen Denken ist: ... wenn wir es beherrschen, so beherrschen wir seine Regeln.

Robert Heilbroner

Der menschliche Geist ist das wendigste und fähigste Werkzeug, das bislang erfunden wurde. Doch der Geist hat sich wie alle Charaktermerkmale des Menschen in Wechselwirkung mit seiner Umgebung gemäß dem Prinzip der natürlichen Selektion entwickelt. Daher haben wir ein großes Gehirn und einen hochkomplexen Geist aus genau demselben Grund, aus dem unsere Daumen den vier Fingern gegenüberstehen: weil das besonders nützlich ist.

Im Lauf des Kampfes ums Überleben haben wir denken gelernt. Wir haben uns eine immer größere Fähigkeit erworben, die Welt zu verstehen und zu manipulieren, indem wir ihre Umrisse dem Diktat unserer abstrakten Vernunft unterworfen haben. Diese besondere Fähigkeit hat sich zwar als äußerst wertvoll erwiesen, sie hat aber auch bestimmte Probleme mit sich gebracht. Unsere Fähigkeit zum schlußfolgernden Denken verschafft uns ungeheuer viele Vorteile, jedoch verfallen wir auch unmerklich der Neigung, uns im Irrgarten unserer eigenen Entwürfe und Konstruktionen zu verlieren.

Aus der Sicht des Zen ergibt sich die mißliche Lage des Menschen genau aus der Tatsache, daß wir zu sehr mit dem Verstand gelebt haben. Wir sind dem Verstand ausweglos in die Falle gegangen und wühlen uns jetzt durch Tunnels, die nur noch in den Tod führen. Wie wir sehen werden, ist dieses existentielle Labyrinth aus Bausteinen des Geistes aufgebaut. Um uns daraus zu befreien, müssen wir zuerst einmal begreifen, woraus dieses Gefängnis besteht. Das wiederum erfordert eine nüchterne Bewertung der Logik des abstrakten Denkens.

Die spürbare Vorliebe der westlichen Philosophie für Abstraktionen geht zumindest bis Platon zurück. Am deutlichsten wird das wohl in seinem „Höhlengleichnis". Platon stellt sich darin eine Gruppe Menschen vor, die in einem unterirdischen Gefängnis schmachten. Sie sind so gefesselt, daß sie nur nach vorne schauen können, wo sie auf der Wand eine Reihe von Schattenbildern sehen. Da sie sich nicht umdrehen können, merken sie jedoch nicht, daß diese Gegenstände lediglich auf die Wand geworfene Schatten sind. Die „echten" Gegenstände bewegen sich vor einer Lichtquelle über und hinter ihnen und sind daher ihrer Sicht entzogen. Da sie die Täuschung nicht merken, verwechseln die unglücklichen Gefangenen diese Schatten mit den Gegenständen.

In einer ähnlichen Lage, so meint Platon, befindet sich die Menschheit. In unserem Alltagsleben sehen wir nur die Schatten des Wirklichen, die fahlen und unvollkommenen Spiegelungen einer entschieden größeren Welt. Die Objekte des normalen Bewußtseins – etwa die Bäume – sind nur unvollkommene Manifestationen der Grundidee (Platon nennt sie „Form") dessen, was man „Baumsein" nennen könnte. Tatsächliche empirische Bäume, also Bäume, die man berühren, sehen und sonstwie direkt erfahren kann, sind nur auf genau dieselbe Weise wirklich, wie die huschenden Schatten auf der Höhlenwand wirklich sind. In beiden Fällen handelt es sich um vergängliche Illusionen, die unsere Sicht der Wirklichkeit verzerren. Ein erleuchteter Mensch, sagt Platon, erkennt diese Tatsache. Er/sie lernt es, über den konkreten einzelnen Baum hinaus auf die Form oder Idee des Baums zu schauen.

Genau das aber ist eine Abstraktion. Konkrete Gegenstände werden durch einen Allgemeinbegriff ersetzt, für den die einzelnen Gegenstände nur Beispiele sind. So hören große hölzerne Pflanzen mit Blättern auf, einmalige Gegenstände zu sein und werden statt dessen zu Bäumen. Genauso werden *Der Kaufmann von Venedig*, *Warten auf Godot* und *Glengarry, Glen Ross* zu „Schauspielen", England, Frankreich und Spanien zu „Ländern", Wasserstoff, Helium und Lithium zu „Elementen" usw.

Abstraktionen sind gute Beispiele für die noch allgemeinere Kategorie eines „Begriffs". Alle Begriffe sind bereits Abstraktionen, aber manche, wie derjenige der Logik, sind Abstraktionen von Abstraktionen. Mit anderen Worten, wir haben eine Idee vom „Baumsein", aber damit wir mit ihr praktisch umgehen können, brauchen wir noch weitere Ideen, weitere Abstraktionen, die uns helfen, die einzelnen Ideen gegeneinander abzugrenzen und miteinander zu verknüpfen. Wenn die Idee des „Baumseins" z. B. irgendeinen Wert haben, wenn sie eine wirkliche Abstraktion sein soll, brauchen wir ergänzend dazu die Idee, daß es einige Dinge geben muß, die nicht Bäume sind.

Mit diesem Schritt sind wir auf die Idee – oder, wenn man so will, den Meta-Begriff – des Dualismus gestoßen. Oder einfacher gesagt, alle Begriffe nehmen eine Zweiteilung vor. In dem Moment, wo ich den Begriff „Baumsein" einführe, teile ich die Welt in „Bäume" und „Nicht-Bäume" ein. Ein Begriff, der nicht zweiteilt, ist sinnlos, denn er setzt keine

Unterschiede. Die Abstraktion zielt ja darauf, sich eine Reihe Gegenstände herauszuholen, die einige sie auszeichnende Merkmale teilen, welche den übrigen fehlen. Folglich handelt es sich um keine wirkliche Abstraktion, wenn unklar bleibt, was unter diesen Begriff paßt und was nicht. Ein Begriff, der nicht unterscheidet und abgrenzt – der also nicht „dualistisch" ist –, ist sinnlos. Es wäre ein logischer Widerspruch, ja eine Unmöglichkeit, einen solchen Begriff aufzustellen. Man kann sich das in Analogie zu den Binärzahlen vorstellen: entweder ist es 1 oder 0. Und, um diese Analogie weiterzutreiben: ein Zahlensystem mit nur einem Wert gibt es nicht.

Folglich machen alle Abstraktionen nur dann Sinn, wenn man sie mit ihrem Gegensatzbegriff vergleichen kann. „Leicht" macht nur Sinn im Unterschied zu „schwierig" oder „schwer", genau wie „oben" nur Sinn macht im Unterschied zu „unten". Selbst höchst allgemeine Begriffe wie „Ding" sind dualistisch, denn man muß sie als Gegenteil von „Nicht-Ding" oder „Nichts" verstehen. Auch für Ideen deren Gegenteil man nicht unmittelbar ausmachen kann, wie etwa „Stuhl", gibt es entsprechende Gegensatz-Begriffe. Im Fall des „Stuhls" als Sitzmöglichkeit ist es der „Nicht-Stuhl" als Fehlen einer Sitzmöglichkeit, und es ist offensichtlich, daß der Begriff „Stuhl" erst dann sinnvoll wird, wenn es Dinge gibt, die keine Stühle sind.

Das einfachste Begriffsschema besteht nur aus einer einzigen (notwendigerweise dualistischen) Abstraktion. Es lautet „Ich" und „Nicht-Ich". Hier stehen sich also nur das Ich und alles andere gegenüber. Die äußere Welt, das Nicht-Ich, ist eine undifferenzierte, uniforme Masse. Die Nützlichkeit dieses Schemas ist sehr begrenzt, und daher wird es rasch durch ein komplizierteres System ersetzt, das Unterschiede zwischen äußeren und inneren Elementen macht. Das Nicht-Ich wird aufgeteilt in Bäume, Flüsse, Wetter usw. Genauso wird das Ich unterteilt, etwa in Geist und Körper. Als nächsten Schritt verfeinern wir die Unterschiede, indem wir die Bäume in „Fichten", „Buchen" und „Eschen" usw. aufteilen und den Geist vielleicht in „Bewußtes" und „Unbewußtes", oder sogar in „Es", „Ich" und „Überich". Wir bilden auch Abstraktionen höheren Grades, wie zum Beispiel „Kausalität" und „Zeit". Je mehr wir die Komplexität unserer Begriffswelt steigern, desto mehr wächst unsere Fähigkeit, unser Leben zu begreifen, zu beherrschen und vorauszuplanen. Im weitesten Sinn des Begriffs bedeutet „Wissenschaft" die Gesamtheit aller Anstrengungen des Menschen, genau das zu tun: die Welt zu begreifen und zu beherrschen. Folglich ist die Wissenschaft der Prozeß der Schaffung von zunehmend besseren Abstraktionssystemen.

Die landläufige Sicht der Wissenschaft ist insofern falsch, als sie stillschweigend aus dem Glauben lebt, die Begriffe hätten tatsächlich irgendwie eine eigene Existenz und würden vom hellen menschlichen Verstand „entdeckt". In Wirklichkeit werden die Begriffe „gebildet" oder improvisiert und sind Bestandteil des wissenschaftlichen Unternehmens.

Begriffe werden von Menschenwesen erdacht; sie kommen von Natur aus im Universum nicht vor. Oder anders gesagt, alle Begriffe und alle Abstraktionen sind etwas künstlich vom Menschen Hervorgebrachtes. Sie stellen unseren Versuch dar, der Wirklichkeit eine Struktur aufzuerlegen, um dadurch bestimmte gewünschte Ziele erreichen zu können. Um ein Beispiel zu zitieren, das gewöhnlich Schopenhauer zugeschrieben wird: Wir sehen die Welt als kausal determiniert an, weil uns das gestattet, in die Natur einzugreifen und bestimmte Wirkungen zu erzielen oder zu verhindern. Mit anderen Worten, wir teilen die Welt in Ursachen und Wirkungen ein, weil das ein höchst wirksames Mittel ist, um unsere Wünsche zu befriedigen.

Diese Abstraktionen werden aber nur im Geist des Menschen geschaffen und existieren nur in ihm. Ihrer Natur nach sind Abstraktionen und Begriffe etwas von uns Erdachtes. Wir benützen sie als Zwischeninstanz zwischen unserem Ich und der Welt. Sie sind eine Art mentaler „Technologie", insofern sie nicht Teil der Natur, sondern etwas vom Menschen Erschaffenes sind. Die Technologie – etwa der Computer, den wir zum Schreiben dieses Buches benützen – wartet natürlich nicht darauf, vom Menschen „entdeckt" zu werden; sie ist ein Produkt der Menschen. Begriffe sind eine spezielle Form der Technologie, obwohl sie etwas rein Vorgestelltes bleiben, d. h., wir erschaffen sie nur in unserem Geist, nicht aber physisch. Oder um es noch einmal deutlich zu sagen: Begriffe sind Werkzeuge des menschlichen Geistes, die Sinneseindrücke in brauchbarere Formen umgestalten. Mit ihrer Hilfe werden Daten verarbeitet, sortiert und in handliche Portionen aufgeteilt.

Wenn eine Information verarbeitet wird, wird jedoch unvermeidlich (per definitionem) ihre „wahre" Natur verzerrt. Um einen Vergleich zu gebrauchen: Stellen Sie sich vor, statt die Welt direkt zu sehen, dürften Sie nur Filmaufnahmen auf einem sehr grobkörnigen Video-Monitor anschauen. Dann käme Ihnen die Welt wie ein kubistisches Gemälde vor. Es hätte den Anschein, als würde alles nur aus grobkörnigen, gleich großen Rasterpunkten bestehen. Es gäbe keine abgerundeten Ecken, keine Kurven, keine Kreise. Natürlich würde die Wirklichkeit für Sie nur deshalb so aussehen, weil der Bildschirm die weit komplexere Wirklichkeit in diese künstliche Struktur umsetzt. Der Bildschirm produziert ein Bild der Wirklichkeit, das seinen eigenen inneren Möglichkeiten entspricht. Auf die gleiche Weise produzieren unsere Begriffe ein Bild der Welt, das von ihrer Struktur abhängig ist. Wenn man die Welt in Dinge und Nicht-Dinge aufteilt, ist das eine Funktion unseres Geistes und nicht etwa ein realer Zustand der Welt, so wie die Rasterkörner auf dem Bildschirm eine Funktion des Bildschirms und nicht eine Eigenschaft der Welt selbst sind.

Angesichts der Tatsache, daß alle Begriffssysteme mehr

oder weniger determiniert sind, muß man zugeben, daß unsere Einzelbegriffe lediglich auf Konvention beruhen. Als solche sind sie willkürlich. Wir haben uns zum Beispiel für eine bestimmte Reihe von Gegenständen auf den Begriff „Buch" geeinigt, während die Franzosen dafür den Begriff „livre" gebrauchen. Natürlich greift diese Willkür über die linguistische Bezeichnung hinaus, weil es keine objektiv notwendigen Arten der Unterscheidung gibt. Folglich stützen wir uns auf Vereinbarungen – Konventionen – darüber, wie wir die Welt einteilen. Warum haben wir zum Beispiel Kopfschmerzen – oder auch Farben – unter die Dinge und nicht unter Ereignisse eingereiht?

Außerdem sind diese Konventionen nichts Reales, weil sie per definitionem lediglich Abstraktionen sind – Dinge, die nur als Gedanken oder Bilder in unserem Geist existieren. Ich kann mir zum Beispiel einen Satelliten um die Erde vorstellen, d. h. in meinem Geist erzeugen, der ganz aus grünem Käse besteht; diese Idee existiert dann zwar in meinem Geist, aber das Ding an sich existiert nicht. Genauso gibt es kein Ding namens „Baumsein" außerhalb meines Geistes. In der konkreten Wirklichkeit gibt es nur lauter einzelne Bäume.

Man kann die Bedeutung dieser Tatsache gar nicht hoch genug einschätzen. Sie erweist unsere elementarsten Grundbegriffe, die wir von der Welt haben, als völlig relativ. Zeit und Kausalität z. B. sind nichts als hochgradige Abstraktionen. Genauso ist die hochdifferenzierte Einteilung der Welt in bestimmte, klar umschriebene Kategorien eine reine Abstraktion. Folglich existieren diese Dinge schlichtweg nicht. Es handelt sich nur um Konstrukte unseres Geistes, die für unsere Vorstellungskraft nützlich sind, aber keine von uns losgelöste Wirklichkeit haben.

Wir legen beispielsweise um unseren Globus ein geographisches Strukturnetz von Längen- und Breitengraden. Dieses Netz ermöglicht es uns, jeden Ort genau zu lokalisieren, internationale Grenzen zu ziehen und uns relativ leicht über unseren Planeten zu bewegen. Und doch existieren eindeutig weder Längen- noch Breitengrade wirklich. Wenn Sie die internationale Datumsgrenze oder den Wendekreis des Steinbocks überfliegen, halten Sie vergeblich nach einem bleistiftdünnen Strich von Horizont zu Horizont Ausschau. Uns allen ist klar, daß Längen- und Breitengrade nur etwas Vorgestelltes sind. Sie überziehen die Oberfläche unseres Globus mit einer exakten und präzise definierten cartesianischen Ordnung, obwohl es darauf keine solche Ordnung gibt. Wir setzen diese Ordnung, nicht weil wir meinen, es gebe sie tatsächlich, sondern weil sie uns hilft, bestimmte Ziele, die uns wichtig sind, zu erreichen.

Tatsächlich besteht die Funktion aller Begriffe darin, dem Chaos eine bestimmte Ordnung aufzuerlegen. Wir gebrauchen nicht deshalb Abstraktionen, weil sie wahr sind, sondern weil sie uns Probleme lösen helfen. Die Einstellung der Welt in voneinander geschiedene Gegenstände, die Unterscheidung zwischen Ursache und Wirkung und alle anderen begrifflichen Festlegungen sind strenggenommen genau das gleiche wie unsere Längen- und Breitengrade. Es handelt sich um Erzeugnisse, die der menschliche Geist beim Versuch hervorbringt, die komplexe Wirklichkeit zu handhabbaren Formen zurechtzustutzen.

Aus der Sicht der sogenannten „Wissenschaftsphilosophie", also der Theorie darüber, wie der Mensch am besten Forschung betreibt, ist die Ansicht ziemlich unumstritten, daß Begriffe willkürliche Konstrukte des menschlichen Geistes sind. Die Wissenschaft, wiederum im weiten Sinn verstanden als die Gesamtheit aller Versuche, die Welt zu begreifen, besteht in erster Linie daraus, bessere Theorien zu entwickeln und erschöpft sich nicht im Ansammeln von Fakten. Jede Theorie ist lediglich ein Netz von Begriffen, das wiederum in andere (Meta-)Begriffsnetze einbezogen ist, wie etwa in dasjenige der Logik. So verwendet, sind

Theorien nicht nur Spekulationen, die als wahr oder falsch erwiesen werden müssen, sondern vereinfachte Erklärungen eines Teils der Wirklichkeit. Als solche sind sie weder wahr noch falsch. Sie sind nur mehr oder weniger nützlich.

Wenn folglich Einstein die Formel $E = mc^2$ aufgestellt hat, so hat er nicht behauptet, diese Gleichung sei irgendwie wahr, sondern nur, sie sei hilfreich, die Verknüpfung verschiedener Begriffe miteinander besser zu verstehen. Weder die Begriffe als solche (Energie, Masse, Lichtgeschwindigkeit) noch die mathematischen Funktionen, die sie miteinander verknüpfen, sind Teil des Universums. Es kann durchaus sein, daß sich ein ganz anderes Netz von Begriffen, verknüpft durch Funktionen höherer Ordnung, als besser – d. h. nützlicher – erweist als die Relativitätstheorie, so wie diese sich als besser als die Newtonsche Physik erwiesen hat. Letztlich ist keines dieser Systeme Teil des Universums, sondern lediglich Teil des Versuchs des Menschen, das Universum zu begreifen.

Das ist natürlich der grundlegende Schluß, den man aus der Relativitätstheorie ziehen muß. Raum und Zeit (und folglich alle Ereignisse, die sich innerhalb dieses Systems „abspielen") sind stets relativ zu jedem einzelnen Beobachter, so wie diese Ideen nur dann einen Sinn bekommen, wenn sie im Kontext der Beschreibung der Erfahrung eines konkreten Beobachters stehen.[4] Ganz gegen die allgemeine Auffassung ist die Newtonsche Ansicht, Raum und Zeit seien feste Größen, unzutreffend: Raum und Zeit sind in Wirklichkeit ganz und gar relativ zum jeweiligen Beobach-

---

[4] Die Folgen der Relativitätstheorie sind viel zu weitreichend, als daß sie hier angemessen erörtert werden könnten. Zwei allgemein verständliche und lohnende Darstellungen sind Fritjof Capra, *Das Tao der Physik. Die Konvergenz von westlicher Wissenschaft und östlicher Weisheit*, übers. v. Fritz Lohmann, Scherz, Bern 1984 und Stephen Hawking, *Eine kurze Geschichte der Zeit. Die Suche nach der Kraft des Universums*, übers. v. Hainer Kober, Rowohlt, Reinbek 1988.

ter. Daraus ergibt sich schlicht die Tatsache, daß die scheinbar selbstverständliche und klare Struktur der absoluten Zeit und des Raumes – also die Grundlage, auf der alle unsere Übereinkünfte aufgebaut sind – ein willkürliches Konstrukt ist, von dem wir wissen, daß es ganz und gar nicht stimmt. Wir halten weiterhin zäh daran fest, obwohl es falsch ist, und zwar aus dem einfachen Grund, weil es für die meisten von uns die meiste Zeit praktisch ist, von einem Newtonschen Universum auszugehen.

Auf nahezu die gleiche Weise glauben wir auch, es gebe ein striktes Gesetz von Ursache und Wirkung. Aus der Sicht der Wissenschaftsphilosophie jedoch handelt es sich auch bei der Verknüpfung von Ursache und Wirkung nur um eine weitere brauchbare Konstruktion des Geistes. Man setzt sie als wahr voraus, weil sie sich als nützlich für unsere Zwecke erweist. Wie bedingt sie jedoch ist, zeigt sich am besten im subatomaren Bereich, wo verschiedene Partikel vergnügt das „Gesetz" von Ursache und Wirkung links liegen lassen.[5] Elektronen zum Beispiel scheinen sich ohne Ursache zu bewegen. Im Gefolge von Heisenbergs inzwischen berühmten Unschärfeprinzip vertritt man inzwischen in der Quantenmechanik allgemein, daß die Kausalität im Bereich der Atome schlichtweg nicht greife. Die vorherrschende Ansicht ist, daß es nicht einfach nur Ursachen gebe (oder geben könnte), deren Erkenntnis sich unserer Theorie und Technologie in ihrem gegenwärtigen Stadium (noch) entzieht, sondern daß die Existenz irgendeines angemessenen Kausalgesetzes logisch und damit grundsätzlich überhaupt nicht möglich ist. Um es noch einmal zu sagen: Das bedeutet, daß die Ursachenverknüpfung durchaus kein notwendiger Bestandteil der Wirklichkeit ist, sondern nur ein Hilfs-

---

[5] Eine allgemeinverständliche Darstellung der Frage der Kausalität im Mikrobereich ist David Bohm, *Causality and Chance in Modern Physics*, 3. Aufl., University of Pennsylvania Press, Philadelphia 1984.

mittel, das sich der menschliche Geist ersonnen hat, um die Wirklichkeit besser begreifen zu können. Wie alle Abstraktionen erweist sich das Kausalitätsprinzip in vielen Fällen als recht nützlich, aber durchaus nicht in allen.

Dieses Problem gilt generell für alle unsere Grundüberzeugungen von der Wirklichkeit. Deren elementarste ist das Aristotelische Prinzip der Eindeutigkeit: Eine Aussage kann nicht sowohl wahr als auch nicht-wahr sein, oder allgemeiner gesagt, ein Ding kann nicht gleichzeitig Bestandteil eines gegebenen Systems und nicht Bestandteil eines gegebenen Systems sein. Wie wir schon gesehen haben, ist die Nicht-Widersprüchlichkeit eine Abstraktion zweiter Ordnung, die notwendig ist, um alle anderen Abstraktionen sinnvoll zu machen. Nach landläufiger Auffassung muß jeder Begriff eindeutig sein; ist er das nicht, bricht das schlußfolgernde Denken zusammen. Oder anders gesagt, unsere begriffliche Kartierung der Welt – selbst wenn wir zugeben, daß sie etwas anderes ist als diese Welt selbst – ist darauf angewiesen, daß unsere Begriffe nützlich sind. Wenn wir die Nicht-Widersprüchlichkeit aufheben, verdunsten unsere Begriffe zu nichts.[6]

Unglücklicherweise greift das Prinzip der Nicht-Widersprüchlichkeit nicht einheitlich. Es wird in alarmierender Regelmäßigkeit von sogenannten Antinomien durchbrochen. Da gibt es z. B. das sogenannte „Paradox des Lügners". Es stellt sich ein, wenn jemand sagt: „Ich lüge", und man versucht, den Wahrheitsgehalt dieser Aussage zu bestimmen. Lügt dieser Mensch, daß er lügt, oder sagt er richtig, daß er lügt? Wenn er tatsächlich ein Lügner ist, lügt er nicht, und wenn er nicht lügt, lügt er. So knackt also die

---

[6] Natürlich ist die Nicht-Widersprüchlichkeit (wie jede Logik) ein Geschöpf des Menschen. Man kann das leicht daran erkennen, daß Kindern die Grundregeln der Logik auf die gleiche Weise beigebracht werden müssen wie Sprache und andere soziale Konventionen. Vgl. Jean Piaget, *The Construction of Reality in the Child*, New York 1954.

einfache Aussage „Ich lüge", die vollkommen klar und eindeutig formuliert ist, den Kern und die Mitte alles Verstandesdenkens.

Ein anderes Paradox hat Bertrand Russell aufgestellt. Es handelt direkt von der Systemtheorie. Es gibt zwei mögliche Arten von Systemen: 1. Systeme, die sich selbst als Element mit einschließen, und 2. Systeme, die sich selbst nicht mit einschließen. Ein Beispiel für die zweite Art sind Bücher über Zen, insofern die Gesamtheit aller Bücher über Zen nicht wiederum ein Buch über Zen ist. Ein Beispiel für die erste Art wäre alles andere als Bücher über Zen, insofern die Gesamtheit aller Dinge außer Büchern über Zen ebenfalls nicht ein Buch über Zen ist. Russell sagt nun, wir sollen uns das Gesamt aller Systeme der zweiten Art vorstellen, d. h. das Gesamt aller Systeme, die sich selbst nicht mit einschließen. Überdenkt der Leser einen Augenblick diese Möglichkeit, so kann er leicht feststellen, daß dieses System sowohl von der zweiten Art als auch nicht von der zweiten Art ist.

Trotz der Tatsache, daß selbst so grundlegende Begriffe wie Kausalität und Nicht-Widersprüchlichkeit notwendigerweise willkürlicher Natur sind, wird gelegentlich die Ansicht vertreten, wir könnten in der Lage sein, Systeme zu entwickeln, die derart komplex und raffiniert wären, daß sie das Gesamt des Universums angemessen erfaßten. Sie wären zwar strikt willkürlich – ja, strenggenommen falsch –, aber solche Systeme wären die ultimative Bestätigung der Wissenschaft, weil sie die Welt auf ein System von Abstraktionen reduzieren würden. In platonischer Sprache gesagt, hätten wir ein (wenn auch nicht notwendig *das*) Formen-System entdeckt, das der Wirklichkeit zugrunde liegt. Ein derartiges System wäre widerborstig, weil es angesichts der vorhandenen Brüche der logischen Gesetzmäßigkeit innere Widersprüche aufweisen würde, aber es wäre trotzdem enorm nützlich. Mit einer Formulierung aus der Wirtschaftswissenschaft gesprochen: Das Universum würde sich verhalten, „als ob" es sich an unser Begriffssystem halten würde. Auf diese Weise wären wir dann wirklich und endgültig in der Lage, den Kosmos zu „begreifen".

Dem Zen liegt die Auffassung zugrunde, daß ein solches Programm unmöglich ist und daß sich das Universum nicht anhand von Begriffen angemessen wahrnehmen läßt. Logisch gesehen ist diese Aussage so allgemein, daß sie so gut wie nicht als falsch widerlegt werden kann, d. h., daß wir ihren Wahrheitsgrad nicht bestimmen können.[7] Die Logiker scheiden derartige Aussagen zu Recht als wertlos aus. Doch ist es möglich, eine „begrenztere", konkretere Frage zu stellen, die nicht nur logisch überprüfbar ist, sondern tatsächlich auch vom Mathematiker Kurt Gödel einer rigorosen Prüfung unterzogen worden ist.[8]

Etwas vereinfacht gesagt, hat Gödel gezeigt, daß kein geschlossenes axiomatisches System – also praktisch kein in sich stimmiges Begriffssystem – die volle Komplexität der Eigenheiten dieses Systems darstellen kann. Auf die Zahlentheorie angewandt, anhand derer Gödel sein Theorem formuliert hat, bedeutet das: Kein axiomatisches System über ganze Zahlen kann alle wahren Aussagen über solche Zahlen erfassen. Unser begrifflicher Rahmen über ganze Zahlen ist also „unvollständig". Es gibt Merkmale von gan-

---

[7] Von einer Aussage behaupten, sie könne nicht als falsch erwiesen werden, heißt, daß man sagt, es gebe keine angemessene empirische Evidenz, die ihre Unrichtigkeit zeigt. So kann z. B. die Behauptung, allabendlich bei Einbruch der Dämmerung werde alles doppelt so groß, insofern nicht als falsch erwiesen werden, als keine Evidenz denkbar ist, die das eindeutig widerlegen könnte. Nach Occams Ausscheidungsprinzip grenzen wir derartige Sätze als Irrtümer des Denkvorgangs aus.

[8] Siehe die endgültige nicht-technische Darstellung von Gödels Theorem in dem großartigen Buch von Douglas R. Hofstadter: *Gödel, Escher, Bach. Ein Endloses Geflochtenes Band*, übers. v. Philipp Wolff-Windegg u. a., Klett-Cotta, Stuttgart, 13. Aufl. 1991. Hofstadter erörtert auch die Beziehung zwischen Gödel und dem Lügner-Paradox.

zen Zahlen (d. h. des Begriffs ganzer Zahlen), die wir mittels unserer Begriffe nicht erfassen können.

Wichtig dabei ist, daß Gödels Erkenntnis für die innere Struktur jeglichen Systems theoretischer Sätze gilt. Sie zeigt, daß selbst dann, wenn wir unsere Aufmerksamkeit auf die von unserem Begriffssystem erfaßte Welt (im Unterschied zur aktuell erfahrbaren Welt) begrenzen, unsere Begriffe auch diese „Welt" nicht voll erfassen, sich also nie vollständig selbst beschreiben können. Ganz abgesehen davon, daß es in der Welt mehr gibt, als unsere Begriffe zu erfassen vermögen, sind letztere also nicht einmal in der Lage, ihre eigene begrenzte Welt einzufangen. Wir können Abstraktionen als gegeben annehmen, von da aus die oben genannten grundsätzlichen Fragen stellen und schon dabei zum Schluß kommen, daß die Abstraktionen kein „wahres" Bild der Wirklichkeit zu zeichnen vermögen.

Die gerade geäußerten Gedanken bedeuten keineswegs, daß wir damit das abstrakte Denken als nutzlos bezeichnen wollen. Abstraktionen sind der Treibstoff der Verstandestätigkeit. Man kann ohne Übertreibung sagen, daß es die Fähigkeit zum abstrakten Denken ist, die uns Menschen als solche auszeichnet. Begriffe sind notwendig: für die Sprache, die Literatur, die Landwirtschaft, die Architektur, die Wissenschaft, die Technologie – kurz, für die Zivilisation schlechthin. Es geht also nicht darum, das Abstrahieren an sich als problematisch darzustellen, sondern darum, deutlich zu machen, daß wir unsere Abstraktionen nicht mit der Wirklichkeit selbst verwechseln dürfen.

Das Problem liegt darin, daß wir hartnäckig unsere Abstraktionen für das halten, was tatsächlich existiert. Wir haben ein selbsterdachtes Universum erstellt, ein hochkompliziertes Geflecht aus Begriffen, und haben gar nicht gemerkt, daß wir uns darin ausweglos eingesperrt haben.

Wie bereits erwähnt, steht am Anfang des Weges zum Zen die Einsicht:

Zwischen den Vorstellungen, Begriffen und Symbolen und der Wirklichkeit, auf die diese Vorstellungen, Begriffe und Symbole verweisen, besteht ein grundsätzlicher Unterschied.

Mit anderen Worten, wir verwechseln ständig unsere Gedanken über die Wirklichkeit mit der Wirklichkeit selbst. Unsere Begriffe beziehen sich zwar durchaus auf die Wirklichkeit, aber sie selbst sind nichts Wirkliches. Wir haben Abstraktionen geschaffen (etwa die Idee des „Baumseins"), die für lauter einzelne, tatsächlich existierende Dinge (also hier Bäume) stehen, aber nur die einzelnen Bäume existieren tatsächlich. Indem wir diesen Prozeß in unserem Geist bis ins Extrem getrieben haben, sind wir nicht mehr fähig, den einzelnen Baum wirklich wahrzunehmen, und haken statt dessen alle Bäume, die wir sehen, unter dem Begriff „Baum" ab.

Liter und Gallonen sind beispielsweise Abstraktionen, die genau definierte Hohlmaße bezeichnen. Liter und Gallonen als Dinge gibt es nicht. Es gibt nur Liter und Gallonen von irgend etwas, und nur dieses betreffende Irgendetwas existiert wirklich, nicht der Rauminhalt an sich. Natürlich ist es oft sehr hilfreich, exakte Mengen dieses Irgendetwas abmessen zu können, und solange wir nicht die Maßeinheit mit dem verwechseln, was gemessen wird, genießen wir den Vorteil unserer Schlauheit, die solche nützlichen Ideen entwickelt hat. Aber stellen Sie sich vor, was geschehen würde, wenn wir die Abstraktion für das Ding hielten. Ein Liter oder eine Gallone an sich ließen sich wohl kaum trinken.

Gebrauchen wir noch ein anderes Beispiel. Halten Sie sich vor Augen, daß die Sprache lediglich ein System von Übereinkünften ist. Ein bestimmtes Wort ist einzig und allein ein Symbol für etwas anderes. Wie andere Abstraktionen ist es lediglich ein mentales Konstrukt. Die Dinge, auf die es sich bezieht, gibt es wirklich, aber das Wort selbst ist nichts Wirkliches. So ist etwa das Wort „Baum" eindeutig kein Baum. Ausgesprochen ist „Baum" lediglich ein Klang; geschrieben ist es ein bißchen Tinte oder Druckerschwärze auf dem Papier. Auf dem Wort „Apfelbaum" wachsen keine Äpfel, und auch eine ganze Anzahl der Wörter „Baum" liefert keinerlei Rohmaterial für die Herstellung des Papiers zu diesem vorliegenden Buch.

Das sind bis jetzt alles nur allzu einleuchtende Beispiele. Wir müssen diesen Gedanken jedoch ein Stück weiter vorantreiben. Wie wir gesehen haben, hat der mangelnde Bezug zwischen dem Symbol und dem damit Bedeuteten zur Folge, daß das Symbol letztlich unwirklich wird. Symbole, mögen es Worte, mathematische Rechner oder ganz allgemein Begriffe sein, bedürfen, wie wir schon gesehen haben, der Dualität. Wenn aber die Dualität nur ein Merkmal der Begriffe ist und wenn die Begriffe an sich unwirklich sind, dann ist eindeutig auch die Dualität unwirklich. Folglich besteht die Welt nicht aus heiß und kalt, Nord und Süd, links und rechts. Sie enthält auch nicht Mütter und Kinder, Bücher und Leser, Planeten und Satelliten. All das sind begriffliche – dualistische – Kategorien, die in der Wirklichkeit an sich gar nicht vorkommen. Genauso gibt es weder Abstraktionen noch wirkliche Dinge, denn auch diese Begriffe sind wiederum reine Abstraktionen.

Folglich ist die Welt an sich nicht in ein System voneinander geschiedener Objekte aufgespalten. Der Baum läßt sich nicht vom Boden trennen, in dem er wächst, nicht von der Luft, die seine Zweige umgibt, und nicht vom Sonnenlicht, das ihn nährt. Allerdings besagt der Umstand, daß die Welt nicht aufgespalten ist, auch nicht, daß sie ein großes Einerlei wäre, denn auch diese beiden Bezeichnungen sind wiederum dualistische Kategorien. Die Welt ist keine einheitliche, ganzheitliche, konturlose Masse, denn alle diese Begriffe „einheitlich", „ganzheitlich", „konturlose Masse" sind ja wieder begriffliche Abstraktionen, sind dualistische Abgrenzungen von den Begriffen der Vielfältigkeit und Unterschiedenheit. Die Wirklichkeit an sich ist weder unterschieden noch einheitlich, weder Einheit noch Vielfalt. Ja, die Wirklichkeit ist sogar nicht einmal die Wirklichkeit, insofern sie als „wirklich" zu bezeichnen bedeutet, sie wiederum dualistisch vom „Unwirklichen" oder „Illusionären" abzuspalten, womit wir also immer noch im dualistischen Denken befangen blieben.

Was ist die Welt dann? Um Lao-tse zu zitieren: „Ich kenne ihren Namen nicht, aber ich bezeichne sie mit dem Wort *Tao*." Von der konventionellen Sprache her betrachtet, sagt uns das gar nichts, denn „alles ist das *Tao*". Wir können nichts unterscheiden, können uns keinen wirklichen Begriff davon bilden und wissen folglich überhaupt nicht, was das *Tao* ist. Genau darauf kommt aber alles an: Wir wissen nichts über das Universum, außer daß es nicht in Kategorien oder abgetrennte Objekte aufgeteilt ist. Die anschaulichste Erklärung jedoch bietet der Buddhismus selbst. Ein Lehnwort aus dem Sanskrit ist das Wort *tat*, verwandt mit unserem „das"; daraus wird zur Beschreibung der Welt das Wort *tathata* gebildet, also „Dasheit". „Dasheit" ist ein Zugeständnis an die Sprache, um sagend doch nichts zu sagen, ein semantisches stummes Kopfschütteln und Auf-die-Welt-Zeigen. Das Universum ist schlicht „Das", nicht mehr und nicht weniger.

Dieser Welt haben wir die Ordnungsprinzipien unserer verschiedenen Begriffssysteme übergestülpt. Doch alle diese Begriffe sind rein mentale Projektionen, die einteilen, aufspalten, verknüpfen. Genau wie Längen- und Breitengrade Projektionen sind, die die Erde künstlich ins Cartesianische Koordinatensystem (x/y) einzwängen, so zerteilen auch unsere Begriffe das Dasein. Folglich wird gelegentlich gesagt, „alles sei Geist", insofern alle unsere herkömmlichen Vorstellungen der Wirklichkeit – voneinander getrennte Objekte, Kausalität, Logik usw. – Produkte unseres Geistes sind.[9]

Die „wahre" Welt, die Welt, die ganz ohne unsere mentalen Konstrukte existiert, ist etwas völlig anderes. Sie ist nicht-dualistisch, besteht nicht aus einer Vielheit voneinander getrennter Objekte, die untereinander nach den Gesetzen der Logik verknüpft sind. Das Verhältnis dieser Kunstgebilde unseres Geistes zur „echten" Welt ist das gleiche wie dasjenige von Symbolen zu den Dingen, die sie bezeichnen. Wenn wir die Begriffs-Welt mit der „natürlichen" (d. h. echten) Welt verwechseln, sind wir Opfer einer Phantasievorstellung geworden, die so wenig das Universum ist, wie eine Erdkarte oder ein Globus die wirkliche Erde sind.

Um was es geht, können wir auch noch einmal anders aufzeigen. „Wirklich" ist unsere Erfahrung in Form von Sinnesdaten. „Unwirklich" dagegen sind unsere Abstraktionen, also unsere Gedanken über unsere Erfahrung.[10] Was wir uns normalerweise als Dinge vorstellen – etwa Bäume –, sind nichts als Sinneswahrnehmungen. Wir können ausschließlich von Sinneswahrnehmungen erkennen, daß sie tatsächlich existieren, denn unsere Sinne vermitteln uns nur Wahrnehmungen, nicht die Dinge, auf die sich diese Wahrnehmungen (vermutlich) beziehen könnten. Unsere Wahrnehmungen erfahren wir unmittelbar und daher wirklich, die Dinge nehmen wir nur vermittelt wahr, weshalb

---

[9] Diese Sicht ist im östlichen Denken weithin allgemeine, selbstverständliche Überzeugung. In der westlichen akademischen Philosophie wird der Gedanke, die materiellen Objekte existierten nicht unabhängig von ihrem Wahrgenommenwerden, in den Lehren des Idealismus (z. B. Berkeley) und Phänomenalismus (z. B. Hume) aufgegriffen.

[10] Auch diese scheinbar ganz und gar östliche Vorstellung hat in der westlichen Metaphysik eine lange Tradition. Die besten klassischen Argumente stammen von Wilhelm von Occam und Thomas Hobbes. Für eine grundlegende Erörterung siehe Nelson Goodman, *The Structure of Experience*, Harvard University Press, Cambridge, Massachusetts 1951.

wir sie uns nur erschließend und abstrahierend denken und sie folglich für uns unwirklich bleiben.

Stellen wir uns zur Veranschaulichung vor, daß Schüler in einem Einführungskurs in Physik beobachten, wie ein Bleistift, den man in Wasser taucht, anscheinend einen Knick bekommt. So gut wie sicher schließen sie, daß da etwas nicht stimmt und das, was sie sehen, eine Sinnestäuschung ist. Sie haben feste Begriffe und bemessen danach ihre Sinneseindrücke, halten sich also an ihre festen Vorstellungen. Schüler „wissen", daß Bleistifte gerade sind und daß kein Kausalzusammenhang zwischen dem Eingetauchtwerden in Wasser und dem plötzlichen Abknicken besteht, und folglich müssen die Sinneseindrücke eindeutig falsch sein. Natürlich sind Sinneseindrücke ihrer Definition nach korrekt – man erfährt das, was man erfährt. Der Unglaube tritt deshalb ein, weil die Eindrücke nicht der begrifflichen Ordnung entsprechen, die wir der Welt übergestülpt haben. Mit anderen Worten, wenn wir hartnäckig daran festhalten, daß wir einen „Bleistift" in „Wasser" sehen, ist unsere Wahrnehmung tatsächlich „falsch"; aber wenn wir nur *tathata* sehen, also unsere Begriffe für einen Augenblick aus dem Spiel lassen, gibt es weder Bleistift noch Wasser noch einen Knick. Es gibt nur das, was es eben gibt.

Oder: Das Sonnenlicht wird durch den Mond auf die Erde reflektiert, trifft in unsere Augen und wird von unserem Gehirn gedeutet. Die Erfahrung besteht darin, den Mond wahrzunehmen. Die Abstraktion besteht im Gedanken, es gebe den Mond, also in der Vorstellung, es gebe etwas von meiner Erfahrung Unabhängiges, einen Unterschied zwischen dem Licht, das in meine Augen trifft, und dem Mond an sich. Genaugenommen ist daran nur meine Wahrnehmung wirklich, ja, meine Wahrnehmung des Mondes ist der Mond.

Auf die gleiche Weise erfahre ich die Gegenwart, erschaffe aber den Gedanken, daß es sie gibt. Dabei stolpere ich dann über Vergangenheit und Zukunft. Die Zukunft und die Vergangenheit kann ich nicht erfahren, und zwar aus dem einfachen Grund, weil ich nicht erfahren kann, was es nicht gibt. Die Zeit ist eine Abstraktion, ist etwas, das der Geist geschaffen hat, indem er bestimmte Erfahrungen verallgemeinert hat und zwar auf die gleiche Weise, wie er bestimmte Seh-Erfahrungen zur Vorstellung eines Mondes da droben verallgemeinert hat. Aber genau wie es kein „Es" unabhängig vom Sehen gibt, so gibt es auch weder Zukunft noch Vergangenheit (ja nicht einmal Gegenwart). Wir meinen nur, daß es all das gebe, weil wir unsere Vorstellungen mit der Wirklichkeit verwechseln.

Jedes der genannten Beispiele scheint ganz und gar nicht einleuchtend zu sein. Bleistifte knicken doch tatsächlich nicht ab, wenn man sie ins Wasser steckt, den Mond gibt es auch unabhängig von unserem Sehen, und die Zukunft kommt uns offensichtlich entgegen. Und doch sind diese Aussagen alle nur begrifflich wahr, d. h. an sich sind sie überhaupt nicht wahr. Sie beschreiben nicht die Wirklichkeit, sondern nur, wie wir unsere kollektiven Begriffe oder Vorstellungen über die Wirklichkeit miteinander verknüpfen. Um eine mathematische Analogie zu gebrauchen: Nehmen wir an, wir setzen einen Begriff x, welcher so beschaffen ist, daß er mit jeder beliebigen positiven Zahl gleichgesetzt werden kann. Dann vereinbaren wir ein als „Wurzelziehen" bezeichnetes Verfahren und definieren, jede Zahl, wenn man sie mit sich selbst multipliziert, sei x. Aus dieser Anordnung ergibt sich, daß wenn $x = 9$ ist, die Quadratwurzel von x 3 ist. Heißt das nun, die Drei sei „wirklich"?

Auf genau dieselbe Art ziehen wir den Schluß, daß es ein morgen gebe oder daß der Mond unabhängig von unserem Sehen existiere. Die Zeit und der Mond existieren nur als Kunstprodukte in unserem Geist. Wir glauben nur deshalb, daß sie in der konkreten Realität existieren, weil wir das Wirkliche mit dem Abstrakten verwechselt haben. Beim letztgenannten Beispiel stellt die Drei offensichtlich nur das Verhältnis zwischen dem Begriff „Neun" und dem Begriff „Quadratwurzel" dar; sie existiert nicht auf dieselbe Art wie Farben, Elektronen oder das Schwarze Meer. Wenn wir realisieren, daß Begriffe lediglich brauchbare Kunstgebilde sind, wird es offensichtlich, daß die Neun, die Drei, Bleistifte, Wasser und der Mond allesamt künstliche Gebilde sind. Sie existieren aus genau denselben Gründen nicht wirklich, wie Liter und Längengrade nicht wirklich existieren.

Die Aussage, es gebe einen elementaren Unterschied zwischen den Begriffen und der Wirklichkeit, ist wieder ein Begriff für sich. Aber wenn Begriffe nicht Teil der Wirklichkeit sind, ist auch der Begriff, daß Begriffe nicht wirklich sind, seinerseits nicht wirklich. Mit anderen Worten, diese Aussage ist eine Beschreibung der Wirklichkeit, aber sie ist nicht für sich selbst wirklich. Doch genau wie viele andere Abstraktionen auch, ist sie ziemlich nützlich, indem sie uns zu folgender gültiger Schlußfolgerung führt:

Die Wirklichkeit kann man nur entdecken, wenn man das begriffliche Denken hinter sich läßt.

Dennoch sagt das Zen im wesentlichen, wer das nichtduale Universum in seiner wahren Gestalt sehen wolle, müsse aufhören, es auf dualistische Weise zu deuten. Statt uns auf die Brille der Begriffe zu verlassen, die die Wirklichkeit verzerren, müssen wir die Wirklichkeit direkt erfahren. Marcel Proust hat einmal gesagt, wenn man das, was wirklich ist, entdecke, sei das, „als habe man neue Augen". Die gleiche Empfindung steckt hinter William Blakes bekannter Aufforderung:

„Läutert die Pforten der Wahrnehmung, ihr Menschen! Dann erscheint euch alles Seiende so, wie es ist: grenzenlos.

Doch ihr habt euch mit Mauern umgeben, seht alle Dinge nur noch durch die schmalen Ritzen eurer Höhle."

Es geht also darum, daß unsere Augen – die Pforten unserer Wahrnehmung – durch das herkömmliche dualistische Denken umwölkt sind. Um diese Wolken zu durchstoßen und zu erkennen, was jenseits davon ist, müssen wir aus den Höhlen der Konvention und des Vernunftdenkens heraustreten.

Aus diesem Grund wird oft gesagt, beim Zen handle es sich um eine *Erfahrung*, weil es darin besteht, die Welt mit neuen, nicht-dualistischen Augen zu sehen. Oder anders gesagt, beim Zen handelt es sich um die direkte Erfahrung der Wirklichkeit. So können wir das Zen definieren als

einen Bewußtseinszustand, der sich dadurch auszeichnet, daß er frei von dualistischem Denken ist.

Natürlich wird man an dieser Stelle rasch merken, daß das Zen dann doch keine „Erfahrung" und kein „Bewußtseinszustand" ist, insofern auch das nur wieder weitere Abstraktionen sind. Wir können überhaupt keine positive Aussage über das Zen machen, weil solche Aussagen immer gleich wieder dualistische Begriffe ins Spiel bringen und damit strenggenommen falsch sind. Doch kann man durchaus solche Aussagen machen, solange man sich deutlich vergegenwärtigt, daß sie, weil sie Abstraktionen sind, lediglich etwas *über* das Zen aussagen, was etwas anderes ist, als das Zen *zu sein*.

Um die volle Tragweite der bislang durchgeführten Argumentation ermessen zu können, müssen wir sie zum nächsten logischen Schritt vorantreiben: zur Abstraktion vom Selbst.

3. KAPITEL

Der Ausweg aus dem Paradox

Von einer Illusion war ich geheilt, doch kam mir diese Auflösung meiner Persönlichkeit durchaus nicht wie ein vergnügliches Abenteuer vor.　　　　　　　　*Hermann Hesse*

Der Wert mystischer und umwandelnder Zustände besteht nicht darin, daß sie irgendeine neue Erfahrung erschließen, sondern daß man dabei den Erfahrenden los wird.
　　　　　　　　　　　　　　　　　　　　John White

Im vorigen Kapitel haben wir versucht, den Unterschied zwischen den Vorstellungen und den tatsächlich existierenden materiellen Gegenständen deutlich zu machen. Selbst wenn man den Wert dieser Unterscheidung ohne weitere Erörterung akzeptiert, stellt sich doch die Frage, ob sie in irgendeiner Weise von Belang für das Bewußtsein oder das Alltagsleben ist. Ist es tatsächlich wichtig, ob es nun Sterne *wirklich* gibt oder nicht? Völlig unabhängig davon, was sich in unserem Kopf abspielt, geht unsere Sonne doch offensichtlich mit derselben beruhigenden Regelmäßigkeit auf und unter. Alle Planeten nehmen den gleichen Platz ein wie immer. Die Sonne entwickelt in ihrem Zentrum weiterhin 16 Millionen Grad Hitze. Allem Anschein nach gibt es weiterhin mehr als zehntausend Milliarden Milliarden (10^{22}) Sterne im uns bekannten Universum. Welchen Unterschied soll die Einsicht ausmachen, daß all das lediglich Scheingebilde sind, die sich unser Geist konstruiert, damit er seine komplexe Erfahrung in griffige Proportionen einteilen kann?

Wer bereitwillig die Ansicht übernimmt, daß die Begriffe und die Wirklichkeit an sich zwei völlig unterschiedliche Dinge seien, kann sich so ähnlich vorkommen, als bringe man ihm bei, Einstein habe überzeugend bewiesen, daß die Schwerkraft eine unsichtbare vierte Dimension sei. Für unsere konkrete Lebenspraxis und unsere Alltagssorgen scheint eine solche Aussage jedenfalls, so wichtig sie auf ihre Art sein mag, zu wenig relevant und zu abstrakt zu sein. Welche Folgen soll es denn haben, wenn alles gesagt und mitvollzogen ist? Unsere Zähne setzen weiter Karies an, die Zeit vergeht weiterhin, unsere Rechnungen müssen wir immer noch bezahlen, die Leute sterben weiterhin. Kurz, man mag zustimmen, daß diese Aussage grundsätzlich tiefschürfend ist, wird aber dennoch den Eindruck nicht los, daß sie für die Praxis bedeutungslos sei. Welchen Einfluß hat es auf mein Leben, wenn ich weiß, daß die Schwerkraft den Raum beeinflußt oder daß die Sonne strenggenommen gar nicht existiert? Welchen Gewinn bringt mir dieses Wissen?

Um voll ermessen zu können, wie folgenschwer diese Unterscheidung zwischen dem Abstrakten und dem Realen tatsächlich ist, müssen wir diese Aussage bis in ihre äußersten und völlig unselbstverständlichen logischen Konsequenzen hinein weiterverfolgen. Hierfür ist es allerdings notwendig, die Unterscheidung nicht nur in ihrem engen, intellektuellen Sinn zu „verstehen". Man muß den Unterschied zwischen dem Realen und dem Abstrakten direkt und persönlich erfahren.

Der Weg zum Zen fängt mit dieser Erfahrung an.

Das Zen stützt keine bestimmte psychologische Theorie und setzt keine solche voraus, aber es mag hilfreich sein, für unsere weitere Darlegung auf die aus der Freudschen Psychologie geläufigen Begriffe zurückzugreifen. Freuds grundsätzliche Einsicht bestand darin, daß es unterhalb unseres Selbstbewußtseins eine Reihe von Antrieben und Impulsen gibt, die diesem Bewußtsein nicht zugänglich sind.

Unterhalb des sichtbaren Selbst gibt es ein nichtrationales Streben – das „Es"; Schopenhauer hat es „das Wollen" genannt. In ihrer primitivsten Schicht geht es dieser Kraft um sexuelle Befriedigung und physische Sicherheit. Im weiteren Sinn folgt das Es dem instinktiven Drang nach Lusterfüllung und Befriedigung, wobei es gleichzeitig Schmerz und Angst so gut wie möglich vermeiden will.

Weil es sich bei diesem Wollen um ein blindes, animalisches Begehren handelt, ist es bei der Verfolgung seiner Ziele nicht besonders erfolgreich. Es ist unfähig, in Kategorien der Zukunft zu denken und zu planen, kann deshalb nicht Kosten und Nutzen gegeneinander abwägen, seine Ziele also nicht rational und effizient verfolgen. Daher hat unser Geist eine Instanz geschaffen, die dazu da ist, die Bedürfnisse des Es zu befriedigen. Dieses Geschöpf wird als „Ich" bezeichnet. Das Ich kann rational denken und planen; deshalb zügelt es die Wünsche nach sofortiger Erfüllung, wenn es sieht, daß sich durch ein wenig Warten bessere Aussichten und Möglichkeiten für die Befriedigung der Bedürfnisse ergeben.

Die moderne Psychologie, und nicht nur diejenige im Gefolge Freuds, betrachtet zu Recht das Ich als Sitz der Identität (das seinerseits vom Über-Ich oder Gewissen gelenkt wird, um in streng Freudschen Begriffen zu sprechen). Das Ich ist das innere Gewahrwerden seiner selbst. Es ist das Zentrum des Bewußtseins, das von Augenblick zu Augenblick existiert; es verfügt über Erinnerungen und spielt die unterschiedlichsten Rollen, wie etwa „Sohn", „Bruder", „Schriftsteller", „Ehemann" usw. Das Ich verkörpert das, was wir uns als „Persönlichkeit" und „Gewissen" vorstellen. Es ist die Person, die einen bestimmten Geschmack hat, konkrete Wertvorstellungen und eigene Überzeugungen; die Person, der Dinge widerfahren, die Gedanken und Gefühle hat, die denkt, sieht, hört, fühlt, schmeckt und riecht. Ganz einfach ausgedrückt: das Ich ist das Selbst.

Das Ich ist es auch, was einer entschieden nicht-dualistischen Welt einen dualistischen Raster aufdrückt. Das tut es, weil das Vereinfachen der Welt von Konkretem in Begriffliches eine wunderbar wirksame Möglichkeit ist, den unablässigen Wünschen des Es nachzukommen. Das Ich versucht, die Erfahrung in Kategorien zu fassen und zu vereinfachen, indem es alles auf ein System von Abstraktionen reduziert. Diese Strategie gestattet es ihm dann, die Welt zu verstehen und zu kontrollieren, wodurch das Es besser befriedigt werden kann. Wenn die Welt begreifbar ist, kann man sie auch manipulieren. Wenn man sie manipulieren kann, kann man sie auch beherrschen und seinen Wünschen dienstbar machen. So wird die Erfindung einer Welt voneinander abgetrennter Gegenstände, die nach den Spielregeln der Logik miteinander verknüpft sind, zum Mittel, den Wunsch nach Überleben und Gedeihen zu befriedigen.

Diese Übereinkunft oder Konvention, wie man die Wirklichkeit sehen wolle, stützt sich ganz und gar auf Ideen, d. h. auf mentale Scheingebilde, die ohne die Person, in deren Kopf sie entworfen sind, bar jeder Realität sind. Man kann das leicht am Beispiel der Farben aufzeigen. Ganz gewiß haben die Gegenstände keine Farben und können sie nicht haben, denn was wir als Farben sehen, sind bestimmte Lichtfrequenzen, die unsere Augen wahrnehmen können. Mit anderen Augen würden wir andere Farben sehen. So ist die Farbe nichts objektiv Reales, sondern existiert nur als Funktion erstens unserer Wahrnehmung und zweitens unserer Interpretation dieser Wahrnehmung. Oder allgemeiner gesagt, jedes Sinnesdatum wird vom Wahrnehmenden konditioniert. Über die physikalische Umsetzung von Reizen (etwa durch die Augen) hinaus konditionieren wir die Erfahrung mittels begrifflicher Kategorien. Sinneseindrücke werden in eine brauchbare Form konvertiert, nämlich in Wissen, und zwar nicht nur durch die Mechanik unserer Sinnesorgane, sondern auch durch unsere mentale

Struktur. In der Computersprache hieße es: „Wir sind nicht nur durch unsere physikalische Hardware beschränkt, sondern auch noch durch unsere mentale Software."

So, wie wir die Welt gewöhnlich verstehen, ist sie folglich nur eine Idee oder ein Ideengefüge. Sie wird – künstlich und willkürlich – vom Ich zum Instrument umgewandelt, mit dem die Ziele des Es verfolgt werden können. Um zu sehen oder zu erfahren, daß es sich hier tatsächlich nur um etwas Selbstgemachtes handelt, muß man sich darüber klar werden, daß das Ich seinerseits ein Scheingebilde des Es oder des Wollens ist. Anders gesagt, um den Unterschied zwischen dem Realen und dem Abstrakten und folglich zwischen der Realität und den vom Ich willkürlich dafür erfundenen Kategorien richtig zu erfassen, muß man sehen, daß das Ich selbst eine Fiktion ist.

Das Es ist im buchstäblichen Sinn des Wortes einfach. Es macht keinen Unterschied zwischen dem Input sensorischer Daten und der Quelle dieser Inputs. Ebensowenig unterscheidet es zwischen Subjekt und Objekt, d. h., es trennt nicht das begehrende Selbst vom begehrten Objekt. In Freudscher Sprache könnte man sagen, das Es kennt keine äußere Welt an sich. Es kennt nur sich selbst, oder genauer: seine eigenen Wünsche, und das ist für das Es alles, was existiert. Das Ich erhebt sich, weil es für den Fortbestand des Organismus nützlich wird, eine äußere Welt zu setzen. Ist diese Zuordnung etabliert, fungiert das Ich als Vermittlungsinstanz zwischen dem Es und dieser äußeren Phantasiewelt. Es übernimmt den Dienst, den Verkehr mit der Außenwelt zu managen und zu regulieren.

So besehen wird klar, daß das Ich genau wie die abstrakte Welt, die es hervorbringt, synthetischer Natur ist. Der Grund, weshalb das Ich die äußere Welt erschafft, ist der gleiche, der überhaupt erst zum Erscheinen des Ichs führt. Dieselben Gründe, die dringend nahelegen, der Erfahrung eine künstliche, begriffliche Struktur überzustülpen, verlangen also auch, daß wir ein illusorisches Selbst erschaffen. Das heißt, wir reduzieren uns selbst aus dem gleichen Grund zu einer Abstraktion, aus dem wir es bei der äußeren Welt tun: nämlich, weil es nützlich ist.

Rückblickend ist dieser Prozeß völlig einleuchtend. Damit alle unsere anderen Abstraktionen einen Wert haben, ist es notwendig, daß wir auch einen abstrakten Begriff von uns selbst einführen. Die Landwirtschaft z. B. bietet bestimmte eindeutige Vorteile für das Überleben, aber um an die Zukunft denken zu können, in der man notwendigerweise Nahrung brauchen wird, bedarf es der Vorstellung eines Selbst, das auf diese Nahrung angewiesen ist. Grundsätzlich braucht man also zu jeglichem Versuch, den Bedürfnissen des Es zu entsprechen, den Begriff des Selbst, also des Wahrhabens, daß es eine Person gibt, die Bedürfnisse hat.

Aus der Sicht des Zen (und hier verlassen wir Freud, um uns Sartre anzuschließen) ist der Grund unseres Geistes tiefer – oder zumindest sehr viel breiter – als das Es. Der „wahre" Geist ist (menschliches) Bewußtsein, d. h. (menschliche) Bewußtheit. Es ist die Fähigkeit, Sinnesdaten wahrzunehmen und zu deuten. Eines der Dinge, dessen sich die Bewußtheit zum Beispiel bewußt sein kann, sind verschiedene Anreize, die sich aus der organischen Natur unseres Körpers ergeben. Wir sind uns in diesem Fall der Bedürfnisse des Es im Augenblick ihres Auftretens bewußt, d. h., wir erfahren sie als solche. Anders gesagt, die Grundlage des Geistes ist die Fähigkeit zum Erfahren. Das Es ist lediglich eine von vielen Quellen der Erfahrung, so daß wir also unser Es auf die gleiche Weise wie einen Zahnschmerz oder unsere eigenen Gedanken erfahren. Letztlich ist unser Geist nicht mehr und nicht weniger als diese Fähigkeit zum Erfahren.

Daraus folgt, daß keine Person, die Erfahrungen hat, existiert, sondern daß nur die Erfahrungen existieren, wie sie sich jeweils einstellen. Das Wunder des Ich besteht darin, daß der Geist wahrnimmt, wie er von Augenblick zu Augenblick existiert, und daß es hilfreich ist, diesen Umstand für die Wunscherfüllung in Betracht zu ziehen. Das Ich wird so also vom wahren Selbst abstrahiert, d. h. vom Strom der Erfahrungen, die das Selbst konstituieren. In diesem Sinn ist das Ich die Idee des Geistes von sich selbst. [11]

Weil bei uns ständig wechselnde Erfahrungen kommen und gehen, neigen wir dazu, uns mit dem Ich zu identifizieren, weil das eine Konstante zu sein scheint. Das Ich existiert immer, es kennt eine Kontinuität der Erfahrung und scheint so ein fixer Bezugspunkt in einer ansonsten unzusammenhängenden Abfolge sinnlicher Eindrücke zu sein. Weil das Ich Erinnerungen ansammelt und bestimmte sozial definierte Rollen besetzt, neigen wir dazu, diese Erinnerungen und Rollen als das anzusehen, was unsere Identität ausmacht.

Der Gedanke, unser Ich sei lediglich eine von vielen anderen erfundenen Vorstellungen, scheint ziemlich absurd zu sein. Doch nüchtern betrachtet scheint es kaum möglich, ihn ernsthaft in Frage zu stellen. Das Ich ist nicht mehr als ein Gefüge von Vorstellungen, das seinen Sitz im Bewußtsein hat. Es ist nicht wirklicher als andere Vorstellungen, insofern es sich bei Vorstellungen ihrer Definition

---

[11] Freud hielt das Ich für etwas Reales, und zwar als funktionale, konstituierende Komponente des Geistes. In seiner Sicht ist das Ich aus dem Es aufgetaucht, betätigt sich aber unabhängig von diesem, weil es der Sitz von Vernunft und Mäßigung ist. Im Zen (und ganz allgemein im Buddhismus) ist man der Ansicht, das Ich sei lediglich eine Idee unter vielen anderen, die ein natürlicher, integrierter Geist hervorgebracht hat. Folglich ist, wie wir sehen werden, das Ich eine wirkungslose Illusion, die beim Treffen von Entscheidungen keine direkte Rolle spielt (obwohl sie sich, wie andere begriffliche Irrtümer auch, natürlich indirekt darauf auswirken kann). So werden die unterschiedlichen Funktionen des Ich zu Bestandteilen des natürlichen Geistes. Das, was wir als die Ich-Illusion bezeichnen werden, ergibt sich aus der Vernachlässigung dieser Tatsache.

nach um nicht-materielle, mentale Kunstgebilde handelt, die nur in der subjektiven Bewußtheit des Individuums existieren. Der einzige Unterschied zwischen „wahren" und „falschen" Ideen – etwa zwischen der Vorstellung, die Erde umkreise die Sonne und umgekehrt – besteht darin, daß wir die eine für wahr und die andere für falsch halten. Der eigentliche Unterschied zwischen Vorstellungen sind also unsere eigenen Vorstellungen von diesen Vorstellungen. Konkret und physikalisch gesehen sind alle Vorstellungen unreal in dem Sinn, daß unabhängig von unserer Vorstellungskraft keine von ihnen eine eigene Realität besitzt.

Man kann sich jede Menge Dämonen, Teufel und Satyrn vorstellen, aber der Umstand, daß wir uns solche Wesen vorstellen, besagt noch lange nicht, daß sie in anderer Form als in unserer Phantasie tatsächlich existieren. Genauso können wir uns Vampire vorstellen, aber das bedeutet durchaus nicht, daß es solche Geschöpfe tatsächlich gibt. Wenn wir glauben, daß es sie gibt, kann das natürlich unser Denken und Tun auf bestimmte Weise beeinflussen, genau wie das Verhalten von Psychotikern von ihrer verwirrten Wirklichkeitswahrnehmung beeinflußt ist.

Derselbe Schluß gilt für das Ich. Wir haben diese Vorstellung vom Selbst, aber das heißt keineswegs, daß es dieses Selbst tatsächlich gibt. Der Glaube an die Vorstellung eines Selbst ist grundsätzlich von der gleichen Qualität wie der Glaube an Vampire. In beiden Fällen hält der Betreffende, der daran glaubt, fälschlicherweise mentale Scheingebilde für existierende Dinge, was eventuell schlimme Folgen hat. Zusammenfassend können wir also sagen, daß selbst dann, wenn wir fest glauben, unsere Vorstellungen hätten eine Entsprechung in der Wirklichkeit, noch lange nicht bewiesen ist, daß solche Entsprechungen tatsächlich existieren. Aber bereits die irrtümliche Annahme, sie existierten tatsächlich, kann uns dazu verleiten, uns so zu verhalten, als gäbe es sie wirklich.

Nehmen wir ein anderes Beispiel. Stellen Sie sich den Geist oder die Persönlichkeit eines anderen Menschen vor. Können Sie auf diesen Geist oder diese Persönlichkeit zeigen oder daran rühren? Nach herkömmlicher Ansicht ist die Persönlichkeit etwas Unsichtbares und Unberührbares, aber dennoch existiert sie wirklich. Wenn man nun sagt, etwas sei unsichtbar und unberührbar, heißt das, es habe keine materielle Existenz, sondern es existiere auf irgendeine nicht-materielle, d. h. ideelle Art. Oder man könnte sagen, die Persönlichkeit existiere wie alle Gedanken als bio-elektrisches Phänomen, d. h. als Neuronenschub, der einsetzt, wenn man etwas denkt. Aber das bedeutet nur, daß die Gedanken in der Person, die sie hat, eine materielle Grundlage haben, nicht jedoch, daß das, was sich die Gedanken vorstellen, tatsächlich existiert. Wenn ich also einen Gedanken habe, geht das einher mit bestimmten Vorgängen in meinem Gehirn, aber nur diese Vorgänge in meinem Gehirn sind real, nicht jedoch das, woran ich denke.

Das leuchtet unmittelbar ein. Gedanken und wirkliche Dinge unterscheiden sich auf die gleiche Weise wie die Figuren in einem Buch von lebenden, atmenden Personen. Sowohl die Gedanken wie die Personen im Buch sind Geschöpfe des menschlichen Geistes ohne materielle Existenz. Sie existieren (wie andere mythische Geschöpfe) nicht außerhalb der Phantasiewelt des Menschen, der sie sich ausdenkt. Ihre Identität ist wie diejenige des Don Quichote ein Phantasiegeschöpf ohne Eigenleben. Es ist nützlich und fruchtbar, sich solche Personen vorzustellen, aber es ist töricht, zu glauben, sie existierten tatsächlich.

Dennoch, die Vorstellung, daß „ich selbst" nicht existiere, ist verständlicherweise schwer zu akzeptieren. Nichts scheint evidenter und offensichtlicher zu sein als die eigene Existenz. Der Spruch von Descartes: „Ich denke, also bin ich" scheint über jeden Zweifel erhaben zu sein. Zumindest kann man sagen, er *scheine* wahr zu sein.

Natürlich sagt der Umstand, daß etwas unwiderlegbar wahr zu sein scheine, nichts über seinen tatsächlichen Wahrheitsgehalt aus. Die Erde scheint ziemlich sicher flach zu sein, und doch wissen wir, daß sie Kugelform besitzt. Die Erde scheint eindeutig stabil festzustehen und trotzdem rast sie (relativ zur Sonne) mit 500 000 Stundenkilometern durch den Raum und rotiert mit 1500 Stundenkilometern um die eigene Achse. Das Buch, das Sie lesen, der Stuhl, auf dem Sie vielleicht sitzen, und auch Sie selbst – all das scheinen ganz feste Gegenstände zu sein. In Wirklichkeit besteht es aus nahezu leerem Raum, in dem Moleküle, Atome und subatomare Partikel herumschwirren.

Wie die obigen Beispiele zeigen, stimmt die Wirklichkeit nicht immer mit unseren Anschauungen überein. Das, was unser sogenannter gesunder Menschenverstand als sicher ansieht, erweist sich sehr oft als Täuschung, weil unser Wahrnehmungsvermögen zu plump ist. Im folgenden Abschnitt versuchen wir direkt zu beweisen, daß das Ich nur eine von vielen Täuschungen unseres Wahrnehmungsvermögens ist.

Wenn jegliche Unterscheidung und Aufspaltung in Begriffe wie „dies" und „nicht-dies" willkürlicher Natur sind, dann ergibt sich daraus, daß auch die dualistische Unterscheidung zwischen „ich" und „nicht-ich" falsch ist. Die Definition meiner selbst als Ich in bezug zum übrigen Universum ist einfach eine Abstraktion unter allen anderen, eine der vielen üblichen Aufspaltungen der komplexen Wirklichkeit in einfachere Abstraktionen. Genau wie es keine tatsächliche Unterscheidung zwischen einem Baum und der Erde, in der er verwurzelt ist, gibt, so gibt es auch keine Unterscheidung zwischen mir und der Erde, auf der meine Füße stehen. So ist, wie alle anderen Unterscheidungen, auch diejenige zwischen Ihnen und dem Rest der Welt nur innerhalb Ihres eigenen Geistes verständlich und sinnvoll. Sie ist keine Funktion der Wirklichkeit selbst.

Betrachtet man das Ich als eine willkürliche Erfindung, so folgt daraus eindeutig, daß Sie schlicht und einfach Ihre Erfahrung sind. Das Leben ist buchstäblich ein Spiegel, in dem alles, was Sie erfahren, so sehr Ihr Ich ist, wie es an sich ist. So gesehen sind Sie die Dinge, deren Sie sich bewußt sind. Sie sind nicht eigentlich eine Person, der Dinge zustoßen, sondern Sie sind diese Dinge selbst. Und in einem noch buchstäblicheren Sinn sind Sie nicht bloß der Klang der Musik, das Licht der Sterne, das Gefühl der Erde unter Ihren Füßen, sondern Sie sind (wenn man konsequent alle dualistischen Unterscheidungen aufgibt) geradezu die Musik, die Sterne, die Erde.

Das Ich ist die aus diesen Erfahrungen gezogene Abstraktion. Es verdankt sich der Vorstellung vom Hören von Musik, vom Sehen von Sternen, vom Fühlen der Erde. In Wirklichkeit stellen Sie sich alle diese Dinge nicht vor, sondern Sie *sind* diese Dinge. Anders gesagt, Sie sind Bewußtheit, während Ihr Ich eine Abstraktion ist, die Sie aus der Kontinuität dieser Bewußtheit ableiten. Die Vorstellung, das Selbst sei ein stabiles Erfahrungszentrum, das eine Reihe von Erfahrungen um die andere mache, ist eine Idee, eine Abstraktion. Ihr wahres „Ich" sind nur die Dinge, deren sich „Ihr" Geist bewußt ist. Folglich gibt es keine Unterscheidung zwischen Wissendem und Gewußtem, denn Sie sind ja das, was Sie wissen oder spüren.

Daraus ergibt sich, daß Ihnen keine Erfahrungen *zuteil* werden, denn Sie *sind* ja selbst und nur diese Erfahrungen. Ein Angstgefühl ist also nicht etwas, das ich habe, sondern etwas, das ich bin; ich *bin* das Gefühl, Angst zu haben. Genauso *bin* ich die Bewußtheit, daß der Bildschirm des Computers, auf dem ich schreibe, eine intensiv blaue Fläche ist. Ich *bin* die Erschöpfung in meinen Fingern vom allzuvielen Schreiben; ich *bin* das Geräusch der Tasten, auf die ich drücke. Meine Vorstellung von mir als einer Person, die schreibt, Schmerzen hat und Dinge hört, ist nur eine Abstraktion, genau wie diese Instanz in meinem Kopf, die Entscheidungen trifft und die ich für mein Ich halte.

Vom Alltagsbewußtsein her gesehen betrachten wir diese Person als einen Kontrollmechanismus. Wie wir gesehen haben, ist das in der Tat die Funktion des Ichs: Es reguliert unsere Verrichtungen, damit wir Dinge tun, die „richtig" oder „gut" sind. Infolgedessen wählt dieses Ich ständig Dinge aus, um uns zu kontrollieren, unsere Umgebung zu kontrollieren, uns auf die Zukunft vorzubereiten und, damit es dies alles bewältigen kann, um die Welt zu verstehen. Bei all dem geht es um vorsätzliches Wollen: man will unter Kontrolle bringen, manipulieren und letztlich verstehen.

Der leichteste Weg, das Ich als das zu erkennen, was es ist, ist die Einsicht, daß man nicht unbedingt wollen muß. Wenn man mit dem Wollen aufhört und die Dinge einfach sie selbst sein läßt, läßt auch das Begriffebilden nach. Wenn Sie das tun, treten Sie der Wirklichkeit direkt gegenüber, ohne den Vorteil Ihrer vereinfachenden Vorstellungen.

Doch die Frage ist, wie man das anstellt. In Anbetracht dessen, daß Ihr Wollen das ist, was Sie gewöhnlich für Ihr Ich halten, wird die Vorstellung ungemein schwierig, man könne sich das Wollen ganz abgewöhnen, denn das hieße ja, sich selbst aufzugeben. Außer wenn Beruhigungsmittel, der Schlaf oder der Tod im Spiel sind, scheint es keine richtige Möglichkeit zu geben, sein eigenes Ich abzuschalten.

Nehmen wir an, Sie versuchen es trotzdem. Indem Sie sich darum bemühen, „füttern" Sie indirekt gerade wieder Ihr Ich, denn Sie *wollen* Ihr gewünschtes Ziel erreichen. Jeglicher Versuch, Ihren Geist loszulassen, muß notwendigerweise fehlschlagen, denn Sie versuchen bewußt Ihren Geist unter Kontrolle zu bringen, damit Sie die Kontrolle über ihn aufgeben. Sie versuchen, sich spontan zu verhalten, aber der Kontrollmechanismus Ihres Geistes ist immer noch eingeschaltet. Wie soll das also überhaupt funktionieren? Wie wollen Sie beschließen, ganz spontan zu sein, wo doch schon dieser Beschluß bedeutet, daß Sie nicht spontan sind? Der unauflösliche Widerspruch liegt darin, daß bereits der Akt, Ihren Geist nicht zu kontrollieren, ein Akt Ihres Willens ist, ein Akt des Wollens, ein Akt der Kontrolle.

Diesem Widerspruch entkommen Sie nur dadurch, daß Sie einsehen: Wenn Sie Ihren Geist nicht loslassen können, sondern ihn im Griff behalten müssen, verhalten Sie sich bereits spontan. Mit anderen Worten, wenn eine Tätigkeit jenseits Ihrer bewußten Kontrolle ist, dann verhalten Sie sich bereits per definitionem spontan. Wenn Sie nicht imstande sind, durch einen Willensakt zu entscheiden, ob Sie Ihren Geist unter Kontrolle halten wollen oder nicht, dann ist Ihr Geist wahrscheinlich gar nicht unter Ihre Kontrolle zu bringen. Anhand dieses Sachverhalts führt Ihnen Ihr Ich vor Augen, wie überflüssig es ist.

Der Begriff der „spontanen Kontrolle" hat nichts großartig Revolutionäres an sich. Wir wissen längst, daß ein Großteil unserer Körperfunktionen jenseits unserer bewußten Kontrolle liegt. Wir beschließen nicht, daß und wie unser Herz schlagen, unser Atem gehen, unser Ohr Klänge hören soll. Wir verdauen Nahrung und setzen diese Nahrung in biochemische Energie um, ohne einen Gedanken darauf zu verschwenden, wie wir das anstellen sollen. Wir führen diese und unzählige andere Aktivitäten automatisch aus, ohne daß unser Ich sie beaufsichtigt.

Anscheinend gilt diese Spontaneität auch für eigene Willensentscheidungen, die wir für solche halten. Letztlich treffen Sie Entscheidungen – ohne vorher zu entscheiden, daß Sie entscheiden wollen. Wie Alan Watts bemerkt hat, müßte man widrigenfalls eine endlos lange Reihe von Entscheidungen, die Entscheidung zu treffen, sich zu entscheiden usw., zurückgehen. Angesichts der Tatsache, daß wir das nicht tun, „passieren" uns alle Entscheidungen irgendwie spontan. [12]Das läßt sich am deutlichsten beobachten, wenn man unreflektiert reagieren muß, wie beim Sport oder anderen Tätigkeiten, bei denen alles auf Improvisation beruht, wie etwa beim Tanz oder Jazz. Ein Derwisch z. B. beschließt genausowenig jeden Tanzschritt, wie ein Baseballspieler nicht genau überlegt, wann und wohin er seinen Schläger schwingt. Nein, alle diese Leute tanzen oder schlagen einfach. Ob wir es merken oder nicht: Die allermeisten unserer Aktivitäten, vom Schwimmen bis zum Denken, spielen sich ohne Zutun unseres Ichs ab.

Genau besehen besteht der Reiz vieler Freizeitvergnügen gerade darin, daß sie helfen, das eigene Ich abzuschalten. In bestimmtem Maß mögen die Menschen Musik, Tanz oder Sport deshalb, weil sie dabei ihr Ich ein Stück weit vergessen und ihrer Selbst-Bewußtheit wenigstens für kurze Zeit entrinnen können. Ein guter Tänzer ist sich beim Tanzen seines Selbst nicht bewußt. Die Konzentration richtet sich ganz auf eine Aktivität, auf die Erfahrung an sich und nicht auf die Person, die die Tätigkeit ausübt und die Erfahrung macht. Dieselbe Funktion ist dem Singen in vielen fernöstlichen Meditationsmethoden zugedacht: Diese Tätigkeit führt rascher zu einem Bewußtseinszustand, in dem sich die Individuen buchstäblich selbst verlieren. [13]

Rückblickend erweist sich die Bedeutungslosigkeit des Ichs als derart offensichtlich wahr, daß es geradezu albern scheint, darauf eigens hinzuweisen, wo doch eindeutig alles, was geschieht, nicht auf bewußten Entscheidungen beruht. Mein Wunsch, diesen Satz zu beenden, führt nicht dazu, daß mir die dazu erforderlichen Worte kommen oder daß meine Finger sie schreiben. Man fängt keinen Ball und schnürt sich

---

[12] Alan Watts, *Zen. Tradition und Lebendige Wege*, übers. v. Manfred Andrae, Windpferd, Aitrang 1990.
[13] Der tranceähnliche Zustand des „Zungenredens" bei charismatischen christlichen Sekten hat eine ähnliche Funktion, genau wie die seriösere Praxis der kontemplativen Meditation in der katholischen Tradition.

nicht seine Schuhe, indem man beschließt, das tun zu wollen oder einen Willensakt zu setzen, das solle geschehen. In Wirklichkeit fängt man den Ball oder schnürt sich die Schuhe, indem man seine Hände in der dafür angemessenen Form bewegt. Diese Tätigkeiten werden genau wie das Sprechen und das Schreiben eher vom „natürlichen" oder nichtbegrifflichen Geist als vom bewußten Ich gesteuert und ergeben sich wie alle anderen Ereignisse spontan.

Wenn man sagt, daß Dinge spontan geschehen, heißt das nicht, daß sie willkürlich oder grundlos geschehen, sondern nur, daß sie *bezüglich des Ich* spontan geschehen. Man könnte als Vergleich anführen, daß die Sonne zwar aus bestimmten Gründen unter- und aufgeht, aber daß sie das gewiß ohne Rücksicht auf Ihre Wünsche tut. Weil Sie bei der Bestimmung der Umlaufbahn der Erde um die Sonne keinerlei Rolle spielen, geht die Sonne *bezüglich Ihnen* spontan auf und unter. Ähnlich sind alle „Ihre" Anstrengungen, „sich" unter Kontrolle zu bringen, vergeblich, weil Ihre Entscheidungen genau wie Ihre Verdauungstätigkeit jenseits der bewußten Manipulation liegen. Ihre Entscheidungen sind zwar die Ihrigen, aber dennoch *bezüglich Ihres Ichs* spontan.[14]

Das läßt sich leicht sehen, wenn Sie sich tatsächlich die Mühe geben, aufzuhören, Ihren Geist zu kontrollieren. Sie werden entdecken, daß Sie nach wenigen Augenblicken wieder „rückfällig" werden und wiederum anfangen, sich selbst zu kontrollieren. Folglich müssen Sie sich darauf konzentrieren, sich nicht zu kontrollieren. Wenn Sie das tun, wird Ihnen schmerzlich deutlich, daß es nur den Geist gibt.

---

[14] Damit soll nicht gesagt sein, daß man keine vernünftigen Entscheidungen treffen oder daß man nichts gründlich abwägen könne oder solle. Der springende Punkt ist vielmehr, daß letzten Endes Sie entscheiden müssen, und daß Sie dies tun, ohne vorher die bewußte Entscheidung zu treffen, das zu tun, auf ziemlich genau die gleiche Weise, wie Sie keine bewußte Entscheidung treffen zu atmen.

Diese Person, die irgendwie in Distanz zum Geist steht, diese Person, die ihn um der Diskussion willen zeitweise losbindet, erweist sich schlicht als begrifflicher Irrtum.

Man kann diesen Prozeß auch auf etwas andere Weise erklären. Gewöhnlich stellen Sie sich vor, Sie hätten sich selbst unter Kontrolle, d. h. Sie seien Herr Ihrer Gedanken, Wünsche und Taten. Es gebe also jemanden – nämlich Sie als klar umrissenes Ich –, der/die diese Kontrolle ausübt und sich des Geistes bedient, um seine/ihre eigenen Absichten auszuführen. Und nun weist man Sie also an, damit aufzuhören, sich Ihres Geistes zu bedienen, etwas zu wollen oder zu ersehnen. Sie machen tatsächlich den Versuch, all das abzustellen. Aber indem Sie den Versuch machen, sich Ihres Geistes nicht zu bedienen und nichts zu wollen, bedienen Sie sich Ihres Geistes, um ihn nicht zu verwenden, und Sie wollen ausdrücklich das Nicht-Wollen. Das ist ein Widerspruch in sich und also offensichtlich ein aussichtsloses Unternehmen.

Wie schon vorhin ist diese Einsicht der Schlüssel zum Verstehen. Stellen Sie sich also vor, Sie haben den Wunsch, nichts zu wünschen. Diesen Wunsch können Sie vermutlich bleiben lassen. Und wenn Sie nach etwas greifen, können Sie das vermutlich sein lassen. Aber wir haben gerade gesehen, daß das, vom Geist her gesehen, eine logische Unmöglichkeit ist. Daraus ergibt sich der offensichtliche Schluß, daß Sie ursprünglich gar nicht greifen und gar nicht die Kontrolle haben – und genauso, daß es gar nichts loszulassen gibt.

Die Ich-Illusion ergibt sich daraus, daß der Geist versucht, sich selbst zu erfassen, genau wie ein Hund nach seinem eigenen Schwanz zu schnappen versucht. Ebenso, wie es ohne Hund keinen Schwanz gibt, gibt es auch kein vom Geist unabhängiges Ich. Folglich kann das Ich aus demselben Grund den Geist nicht kontrollieren, aus dem der Hund nicht seinen eigenen Schwanz packen kann. Der gleiche

Sachverhalt liegt dem sogenannten Lügner-Paradox zugrunde, dem wir im vorigen Kapitel begegnet sind. Wenn der Lügner sagt, er lüge, wenn er sage, daß er lüge, begeht er den Irrtum (wenn auch bewußt), einen Satz zu gebrauchen, um etwas über diesen selben Satz auszusagen. Wir machen den gleichen Fehler, wenn wir versuchen, den Geist mittels seiner selbst zu kontrollieren, d. h. mittels unseres Ich. Genau wie ein Satz nicht seinen eigenen Wahrheitsgehalt definieren kann, kann auch der Geist nicht sich selbst kontrollieren. Unsere gescheiterten Versuche, eine solche Kontrolle auszuüben, entstammen der falschen Vorstellung, daß das Ich unabhängig vom Geist existiere, so wie der erfolglose Hund meint, sein Schwanz sei etwas anderes als er selbst.

In beiden Fällen ergibt sich die Schwierigkeit daraus, daß man den Versuch macht, beim Abstrahieren zwei Schritte auf einmal zu gehen. Die Aussage des Lügners, daß er lüge, ist genau besehen deshalb paradox, weil sie sich auf sich selbst bezieht. Dabei wird nicht nur eine Aussage in den Raum gestellt, sondern mit dieser Aussage auch gleich noch ihre Eigen-Beurteilung mitgeliefert. Folglich liegt uns nicht nur eine Behauptung vor, sondern es ist eine Behauptung über diese Behauptung hinzugefügt. Auf die gleiche Weise stellt die Vorstellung, wir hätten ein Ich, den Versuch dar, vom Geist zu abstrahieren, so daß wir auf einen Streich denken und über das Denken nachdenken, etwas erfahren und die Erfahrung dieser Erfahrung erfahren. Wenn man sich ein Selbst in Form des Ichs vorstellt, ist das der Versuch, genau das zu tun. Angesichts der Tatsache, daß sich das offensichtlich nicht tun läßt, ist es kein Wunder, daß das nur zu Verwirrung und Frustration führt.

Die Quelle aller Schwierigkeiten ist also diese sehr merkwürdige Vorstellung, es gäbe eine Bewußtseinsebene (nämlich das Ich), die sich von unserer Erfahrung (dem natürlichen Geist) abstrahieren und abheben ließe. Haben wir erst einmal begriffen, daß das unmöglich ist, und geht uns unmittelbar auf, daß wir nicht gleichzeitig etwas erfahren und von dieser Erfahrung abstrahieren können, dann leuchtet uns ein, daß hinter dem Geist keine von ihm losgelöste Person steht und ihn kontrollieren kann. Es gibt keine Person, die einen Geist „hat" und Gedanken „hat". Die Unterscheidung zwischen dem Geist und der Person, die diesen Geist hat, zwischen der Erfahrung und dem Erfahrenden erweist sich als falsche Vorstellung. Als solche fährt sie zusammen mit den Vorstellungen von vierseitigen Dreiecken und quadratischen Kreisen in die Hölle der Logik. Das wahrzuhaben bedeutet Erleuchtung erlangen, oder auf japanisch, *satori*.

Über die Natur dieser Erfahrung können wir nichts Genaueres sagen, außer daß sie jegliche Begrifflichkeit (und folglich jede Sprache) unendlich überschreitet.[15] Seiner Substanz nach läßt es sich also nicht verstehen, oder genauer: es läßt sich nicht begrifflich auf die Weise verstehen, wie man die Freudsche Psychologie, das Differentialrechnen oder die Mondphasen verstehen kann. Statt dessen muß es direkt erfahren werden, so daß man es auf ziemlich genau dieselbe Weise versteht wie das eigene Atmen, Gehen oder Blinzeln.

Sieht man von doktrinären Unterschieden ab, so verkörpert das *satori* das Prinzip der Befreiung, also das, was man im Yoga als *moksha* bezeichnet. Es handelt sich dabei um einen Bewußtseinszustand, bei dem das Selbst von den mit der Ich-Illusion einhergehenden Leiden und Unzufrieden-

---

[15] An dieser Stelle sollte eigentlich klar werden, warum es sich beim *satori* strenggenommen um keine „Erfahrung" handelt. Unterstellt man letzteres, so unterstellt man damit auch, es gebe jemanden, der diese Erfahrung macht. Der Leser wird erkennen, daß von daher auch die vorläufige Definition des Zen als ein bestimmter Bewußtseinszustand unzutreffend ist, weil auch diese Definition jemanden unterstellt, der diesen Bewußtseinszustand hat. Außerdem wäre damit gesagt, Zen sei Bewußtheit, also das Gegenteil von Nicht-Bewußtheit, was wiederum noch im Rahmen des dualistischen Redens bliebe.

heiten befreit ist. Sieht man die Welt unmittelbar, so wird offenbar, daß sich das, was wir als das Problem des Lebens bezeichnet haben, nicht aus der Qualität und der Eigenart des Lebens ergibt, sondern aus dem angestrengten Bemühen des Menschen, dieses Leben zu verstehen. Das *satori* stellt also *moksha* her, indem es das Selbst von den Gespinsten der Abstraktion befreit.

Diese Freiheit besteht darin, daß sich ein Ausweg aus der Verstrickung des Ichs in Dinge ergibt, die nicht wirklich sind. Die Aufmerksamkeit und das Sein werden von den Abstraktionen, Begriffen, Worten, Symbolen und Ideen abgewendet und auf die tatsächliche konkrete Welt des Daseins konzentriert. Das Zen räumt also den mentalen Wirrwarr beiseite, der, wie William Blake sagt, die Pforten der Wahrnehmung der wahren Natur des Daseins umwölkt. Wir können zwar das Wesen dieses Daseins nicht erörtern oder beschreiben, aber wir können in groben Zügen einige der Konsequenzen umreißen, die sich aus seiner Erfahrung ergeben.

Die unmittelbarste und offensichtlichste Konsequenz ist der Verlust des Selbst. Wer sein Ich los wird, wird damit auch seine fixen Ideen, seine Sorgen, seine Ängste los. Das Ich ist es, was soziale Konventionen so ernst nimmt, und folglich glaubt es, soziale Normen hätten einen Sinn. Das Ich ist es, was sich um seinen sozialen Status sorgt, was einen guten Eindruck machen, geliebt und bewundert werden will. Ihr Ich ist es, was am unkonventionellen Verhalten anderer Anstoß nimmt, was sich nicht zu lachen, zu weinen oder zu schreien traut und was eifersüchtig oder neidisch wird. Das Ich ist es, was stolz ist und bereit, Kriege zu führen und was dazu neigt, seine eigenen Werte in den Rang der allein gültigen Wahrheit zu erheben.

Als Abstraktionen sind alle Ideale Irrlichter oder Gespenster; ihnen nachzulaufen führt zu nichts, ja hat eher destruktive Folgen. Alle Anstalten, Glück und Tugend,

Sicherheit und Weisheit zu suchen, sind bedauerliche Nebenprodukte der Vorliebe des Ichs für Symbole statt für Realitäten. Wenn alles gesagt und getan ist – wer wird dann darüber glücklich sein oder deshalb tugendhaft werden? Wer wird von dieser Weisheit einen Nutzen haben? Wer genau wird in Sicherheit sein?

Der Tod des Ichs wirkt auch insofern befreiend, als er von den Schuldgefühlen und Schmerzen befreit, die das Ich mit sich herumträgt. In vieler Hinsicht werden alle diese emotionalen Narben zum festen Bestandteil unseres Selbst, so daß wir uns selbst im Licht früherer Fehler und unerfreulicher Erfahrungen definieren. Der Schmerz, den wir anderen und den andere uns zugefügt haben, bleibt unserer Psyche unvergeßlich. Die Vergangenheit wird zur Last, wie die Ketten, die den Geist von Jacob Marley bei Charles Dickens beschweren. Wenn man das Ich abstreift, geht einem auf, daß diese Ketten Einbildung sind. So wie es keine Person gibt, die uns genau kontrolliert, so gibt es auch keine Person, die gesündigt hat oder das Opfer der Sünden anderer geworden ist.

Allgemeiner gesagt, es wird offenkundig, daß die Vergangenheit, die Zukunft und sogar die Zeit selbst nur Phantome sind. Ohne mein Ich bin ich ganz einfach meine Bewußtheit und nicht jemand, der sich seiner bewußt ist. Der Umstand, daß die Substanz „meiner" Bewußtheit sich anscheinend ständig verändert, macht mir nichts aus, denn insoweit sie sich verändert, verändere auch ich mich. Ohne ein abstraktes Ich gibt es niemanden, der dem Fluß meiner Erfahrungen das Etikett „Veränderung" aufklebt oder der meint, dieser Augenblick sei nicht derselbe wie der letzte. So bin ich ohne ein Ich nicht länger eine Konstante im Strom des Sich-Wandelnden. Nein, ich bin dieser Strom. Wenn ich ganz frei vom Dualismus bin, dann bin ich in gewisser Hinsicht Zeit. Der springende Punkt ist also, daß ohne ein Ich die Abstraktionen der Zukunft und der Vergangenheit weggewischt sind und nur die Gegenwart übrigbleibt.

Bin ich frei von der Zeit, dann bin ich auch frei vom Tod und frei von der Angst vor der Zukunft. Es gibt nicht nur keine Zukunft, sondern es gibt auch niemanden, der vor dem Tod Angst haben müßte. Das Ende des Lebens ist schlicht das Ende der Bewußtheit, und ganz sicher kann ich mir nicht dessen bewußt sein, keine Bewußtheit mehr zu haben. Das Ich dagegen hat zu Recht Angst vor dem Tod, denn fälschlicherweise betrachtet es die Bewußtheit und ganz allgemein das Selbstbewußtsein als etwas, das es besitzt. Wenn nun der Tod das Ende solchen Besitzens bedeutet bzw. das Ende der Person, die das Leben besitzt, dann muß man vor ihm Angst haben und ihn so weit wie möglich von sich schieben. Eine Person ohne Ich hat solche Angst nicht, weil sie weder Selbstbewußtsein noch Leben „hat". Das Nichtssein des Todes ist nichts, wovor man sich fürchten müßte, weil man ja ohnehin schon nichts ist. Man hat schon gelegentlich gesagt, das Zen löse das Problem des Todes dadurch, daß es das „Sterben" vorwegnehme, d. h. das Ich töte, so daß man sich anschließend nur noch um die Aufgabe kümmern müsse zu leben.

Das Ich existiert als Phänomen zweiter Ordnung im Bewußtsein. Es steigt aus dem Bewußtsein, d. h. aus der Bewußtheit auf, weil es ein außerordentlich wirksames Instrument für unser instinktives Bemühen ist, Lusterfüllung zu suchen und Schmerz zu vermeiden. Demnach ist das Ich ein natürlicher Aspekt des menschlichen Geistes. Es wird nur deshalb zur Gefahr für unser Heilsein, weil wir chronisch aus dem Auge verlieren, daß es lediglich ein Instrument oder Werkzeug des wahren Selbst ist. Wenn wir jedoch in der Lage sind, das Ich als das zu sehen, was es ist, können wir uns aus den Verwirrungen lösen, die es hervorruft.

Die Nicht-Wirklichkeit des Ichs anzunehmen bedeutet nicht, es zu verwerfen, sondern lediglich, klar seine Grenzen zu sehen. Daher will das Zen auch nicht sagen, weil man die Existenz der Zeit in Abrede stelle, brauche man nicht für die Zukunft vorzusorgen, oder man solle keine Angst vor dem Tod haben und die Notwendigkeiten der Selbsterhaltung mißachten. Es geht in Wirklichkeit nur darum, alle diese Abstraktionen klar und deutlich als solche zu erkennen und zu sehen, daß sie zwar äußerst nützlich sein mögen, aber letztlich unwirklich sind. Man braucht deshalb das Ich nicht zu verachten, sondern man kann es als brauchbaren analytischen Trick betrachten. Wenn man das tut, macht man sein Ich zum Werkzeug, statt daß man zum Werkzeug seines Ichs wird.

4. KAPITEL

Sinn und Dasein

Erst dann glauben die Menschen, etwas zu kennen, wenn sie sein „Warum" begriffen haben.   Aristoteles

Jede Deutung, alle Psychologie, sämtliche Versuche, etwas verständlich zu machen, erfordern das Medium der Theorien, Mythologien und Lügen. Ein Autor mit Selbstachtung sollte es nicht versäumen, ... diese Lügen zu zerstreuen, soweit es nur in seiner Macht steht.   Hermann Hesse

Die Wissenschaft ist das Unternehmen, mit dessen Hilfe die Menschenwesen versuchen, die Wirklichkeit zu begreifen. So wird die Wissenschaft zur Methode, Wissen zu entwickeln, das den Menschen beim Zusammenspiel mit ihrer Umgebung und der Kontrolle über sie nützlich ist. Anders gesagt, die Wissenschaft besteht darin, Ideen über die Wirklichkeit zu entwickeln. In diesem Sinn sind wir alle Wissenschaftler, denn wir alle erschaffen und erproben Aussagen über die Welt und uns selbst.

Die Grundbausteine der Wissenschaft sind begriffliche Rahmenvorstellungen – kognitive Landkarten –, mit deren Hilfe wir unserer Erfahrung eine Struktur geben. Weil die Totalität der Erfahrung so komplex ist, daß wir sie nicht direkt begreifen können, „zerstückeln" wir sie in leichter zu verarbeitende Einzelteile. Seiner Definition nach besteht das Bilden von Begriffen genau darin: Man teilt die Erfahrung in kleine, abstrakte Einzelteile auf, die man gegen alle anderen Einzelteile abgrenzt. Je komplexer das System unserer Begriffe wird, desto mehr unterwerfen wir jede Erfahrung diesem Prozeß, und schließlich deuten wir unsere Sinnesdaten nur noch anhand dieser Begriffe. Alles bekommt unverzüglich sein Etikett aus unserem vorhandenen Bestand. Begegnen uns Daten, die nicht sauber in unsere vorhandenen begrifflichen Schemata passen, so erfinden wir neue Begriffe, um auch diese Daten in unser System einfügen zu können. Durch dieses Vorgehen wird die Welt in eine Vielzahl voneinander abgetrennter Prozesse und Objekte aufgespalten, die untereinander durch Vernunftprinzipien verknüpft sind.

Auf dieser Grundlage konstruieren wir dann Theorien. In unserem Alltagsverständnis handelt es sich bei einer „Theorie" um eine Hypothese, von der man vermutet, daß sie wahr ist. So könnte man z. B. von der Theorie ausgehen, daß die Japaner deshalb den Elektronikmarkt beherrschen, weil sie eine straff durchgeplante Ökonomie aufgebaut haben oder weil ihre Arbeiter produktiver als ihre amerikanischen oder westeuropäischen Kollegen sind. In der Wissenschaftssprache handelt es sich bei einer „Theorie" jedoch um eine Aussagenreihe, mittels derer man die Zukunft vorhersagen und manipulieren kann. Theorien sagen uns, was wir tun müssen, wenn wir bestimmte Ergebnisse erzielen wollen; sie stellen berechenbare Kausalbeziehungen zwischen bestimmten Begriffen her.

Auf solche Theorien greifen wir tagtäglich bei hunderterlei Tätigkeiten zurück. Ob wir uns dessen bewußt sind oder nicht, wir alle haben Theorien darüber, wie man Autos fährt, sich anzieht, Brot backt, Briefe schreibt, telefoniert und Bücher liest. In jedem Fall stellen unsere Theorien Regeln auf, die es uns gestatten, komplexe Aufgaben auf kognitiv vergleichsweise unaufwendige Weise zu erfüllen. Wie alle Theorien vereinfachen sie auf diese Weise die Wirklichkeit, indem sie sie auf leichter zu begreifende mentale Konstrukte reduzieren. Diese Vereinfachung ist natürlich der springende Punkt bei allen Theorien: Um nützlich zu sein, müssen die Theorien immer weniger komplex sein als die Wirklichkeiten, die sie zu erklären versuchen. Könnten wir alle Informationen intuitiv oder unbewußt verarbeiten, so bräuchten wir keine Theorien. Wenn wir z. B. intuitiv die Astrophysik „verstehen" würden, wären alle unsere Theorien über Planeten, Sterne und Monde überflüssig. Wenn wir intuitiv erfassen könnten, daß Planeten elliptische Umlaufbahnen haben, bräuchten wir keine Begriffe für Planeten und Umlaufbahnen und noch viel weniger eine Theorie der Gravitation, um den Verlauf solcher Umlaufbahnen bestimmen zu können. Gerade weil wir die Welt nicht ganzheitlich erfassen können, müssen wir dualistische Begriffe erfinden, die unser Geist verarbeiten kann.

Um ein anderes Beispiel zu gebrauchen: Als Privatpersonen (im Gegensatz zu Ärzten) benötigen wir keine Theorie der Verdauung von Speisen, denn was da genau vor sich geht, brauchen wir begrifflich nicht zu verstehen. Da wir nicht bewußt bestimmte Enzyme losschicken und die Aktivitäten unserer Verdauungsorgane nicht bewußt steuern müssen, besteht keinerlei Notwendigkeit, diesen Prozeß in lauter Einzelteile aufzuspalten, damit ihn unser Geist begreifen kann. Genausowenig dirigieren wir bewußt unseren Blutkreislauf, unseren Herzschlag oder den Sehmechanismus unserer Augen. Um diese Worte hier zu schreiben, muß ich nicht bewußt wissen, wie ich meine Finger dazu bringe, auf die Tasten zu drücken, und erst recht muß ich nicht die Neuronen in meinem Gehirn exakt gezielt abfeuern, damit sie die Bildung von Gedanken und Sätzen veranlassen. Weil ich all das instinktiv tun kann, reaktiv und unbewußt, „weiß" ich nicht, wie ich das mache, insofern „wissen" bedeutet, begrifflich und theoretisch zu erfahren, was überflüssig und gleichzeitig unmöglich ist.

Wenn man sagt, man „verstehe" etwas, will man damit jedenfalls sagen, man begreife bestimmte im Geist konstruierte Abstraktionen. Da es sich bei Abstraktionen aber um kurzlebige Kreationen des Geistes handelt, ist das Verstehen eine Wirklichkeitserfassung aus zweiter Hand, denn es erfaßt etwas anderes als den Erkenntnisgegenstand an sich. Wenn man auf diese Weise z. B. den Vorgang des Sehens „versteht", heißt das, man begreift dieses Phänomen aus der Distanz der Abstraktionen, also durch etwas anderes als das Sehen selbst. Oder noch einfacher: Wenn man die Struktur des Auges und den Mechanismus, wie das Gehirn visuelle Reize umsetzt, begreift, sieht man noch lange nicht. Das theoretische Begreifen ist etwas ganz anderes als die Erfahrung, und man ist ständig der Versuchung ausgesetzt, Erfahrung durch Begriffe zu ersetzen. Aus wissenschaftlicher Sicht ist das notwendig, denn vermutlich lassen sich Erfahrungen kaum „verstehen", Begriffe dagegen sehr wohl.

Unser Geist funktioniert also ähnlich wie ein Computer, denn um Informationen zu verarbeiten, muß er Daten in die „verdauliche" Form binärer Zahlen umwandeln. Genau wie ein Computer nur mit Daten etwas anfangen kann, die tatsächlich in binäre Form gebracht worden sind, braucht auch unser bewußter Geist für sein übliches Funktionieren Informationen, die dualistisch umgeformt sind. Vernünftig zu argumentieren bedeutet, Prinzipien der Logik anzuwenden, was wiederum heißt, daß man Beziehungen zwischen dualistischen mentalen Kategorien herstellt. Anders gesagt, um Erfahrung zu „verstehen", muß man in der Lage sein, sie begrifflich zu deuten. Eine solche Deutung setzt voraus, daß man zunächst über ein brauchbares begriffliches Koordinatensystem verfügt und sodann eine Theorie hat, die es erlaubt, aus diesem Koordinatensystem (begriffliche) Schlüsse zu ziehen.

Die Evolutionstheorie z. B. beruht auf einer Anzahl von vor-theoretischen Begriffen wie „Natur", „Selektion", „Organismus" und „Umwelt". Mit Hilfe elementarer Logik verknüpft sie diese Begriffe zu einer in sich stimmigen Beschreibung der Entwicklung des biologischen Lebens. Die Theorie, die sich daraus ergibt, behauptet und erklärt, daß sich diese Entwicklung aus dem Mechanismus der natürlichen Selektion ergebe: Die Arten entwickeln unterschiedliche Eigenschaften, und diejenigen Individuen, welche die anpassungsfähigsten Eigenschaften haben, setzen sich genetisch durch. Daraus leitet man dann Hypothesen ab, deren Wahrheitsgrad man anhand von Versuchen überprüft. Soweit sich diese Hypothesen dadurch als wahr bestätigen lassen, nimmt man dann an, daß sich die Theorie zur Erklärung der betreffenden Frage eigne.

Und doch bleibt die Evolution nur eine Theorie. Die Diskussion darüber, ob die Evolution „Tatsache" sei, ist verfehlt, da wir über den Wahrheitsgehalt von Theorien nichts Endgültiges sagen können. Wir können lediglich feststellen, ob die Evolutionstheorie besser als jede andere damit konkurrierende Theorie unsere dualistisch aufbereiteten Beobachtungen zu erklären vermag. Mit anderen Worten, wir legen bestimmte elementare und unumstrittene Begriffe zugrunde und versuchen dann darauf aufbauend zu bestimmen, welche (aus diesen Begriffen zusammengesetzte) Theorie am besten zu unserer Erfahrung paßt. Die Evolutionstheorie hat gegenüber der „Schöpfungstheorie" den Vorzug, daß sie besser als diese bestimmte beobachtete Daten erklären hilft. Letztlich jedoch sind weder Evolutions- noch Schöpfungstheorie „wahr", da es sich bei beiden nur um Produkte des menschlichen Geistes handelt. Keine von beiden ist eine Grundeigenschaft der Wirklichkeit, denn sie sind wie alle Begriffe und die daraus konstruierten Theorien Kunstgebilde des Menschen, der damit seine Erfahrung zu begreifen versucht.

Theorien sind so besehen also nur „Modelle" der Wirklichkeit. Wir erschaffen solche Modelle genau aus dem Grund, weil wir die Wirklichkeit an sich nicht begreifen können. Genausowenig wie ein Modell der Bastille, das man in der Hand hält, das wirkliche Gebäude ist, sind unsere Theorien über die Wirklichkeit etwas Wirkliches. Oder ein anderes Beispiel: Crick und Watson entschlüsselten die Struktur der DNA, indem sie verschiedene Modelle dieses Moleküls zusammenbauten. Aber diese Konstruktionen selbst waren eindeutig keine DNA. Ebenso ist die Theorie der Schwerkraft nicht die Schwerkraft, die Theorie der Gerechtigkeit nicht die Gerechtigkeit, die Relativitätstheorie nicht die Relativität.

Weil Theorien nur Modelle sind, kann man von ihnen nicht sagen, ob sie wahr oder falsch sind. Als Modellen fehlen ihnen wesentliche Züge des Wirklichen, und so ist kein Urteil darüber möglich, ob sie wahr oder falsch sind. Wir können nur sagen, ob sie mehr oder weniger nützlich sind, insofern sie mehr oder weniger gut unserer Erfahrung entsprechen oder Aussagen über die Zukunft ermöglichen. Von einem Modell der Bastille kann man sagen, es sei besser als ein anderes, insofern es dem tatsächlichen Gebäude mehr gleicht, aber man kann nicht sagen, das eine sei richtig, das andere falsch. Ähnlich stellte man sich vor Kopernikus vor, die Planeten hätten kreisrunde Umlaufbahnen und das Sonnensystem kreise um die Erde. Diese Theorie machte es möglich, die Umlaufbahnen der Planeten recht genau vorauszuberechnen, aber sie brachte gewisse Probleme mit sich. Dazu gehörte die unerklärliche Beobachtung, daß sich die Planeten gelegentlich auf ihrer Umlaufbahn rückwärts zu bewegen schienen. Kopernikus entwarf ein System, in dem die Umlaufbahnen elliptisch sind und das Sonnensystem um die Sonne kreist. Es trat an die Stelle der geozentrischen Theorie, weil es genauere Voraussagen ermöglichte, z. B. indem es die Rückwärtsbewegung erklärte (und vorausberechnen ließ). Aus der Perspektive der wissenschaftlichen Forschung ist der Umstand, daß Kopernikus ein heliozentrisches Sonnensystem vertrat, ziemlich irrelevant. Interessant wurde es jedoch dadurch, daß es bessere Vorausberechnungen ermöglichte – d. h., offensichtlich paßt es genauer zu allen verfügbaren Daten [16]

Trotzdem scheint die Aussage merkwürdig zu sein, ob nun die Erde tatsächlich um die Sonne kreise, sei für die Nützlichkeit des kopernikanischen Modells nicht von Belang. Und doch ist eindeutig klar, daß Planeten, Sonnen und Umlaufbahnen – als begriffliche Abstraktionen – auf keinen Fall tatsächlich existieren. Folglich ist auch jede Aussage über die Erde an sich schon wieder falsch, da auch „die Erde" lediglich ein brauchbarer Begriff ist. Die gesamte Wissenschaft, das ganze Vernunftdenken, die ganze Sprache gründen auf der Analyse von Begriffen, die keine tatsächliche Existenz haben. Wenn die Sonne nicht existiert, welchen möglichen Sinn kann es dann haben, ob sie die ebenso nicht existierende Erde umkreist? Mit anderen Worten, wir rechnen mit einer Erde und einer Sonne, nicht weil diese Dinge auf irgendeine Weise existieren, sondern weil das ganz nützlich ist. Ist nun aber der einzige Grund dafür, daß wir mit ihrer Existenz rechnen, die Nützlichkeit dieser Annahme, dann besteht kein Grund, nicht auch andere Dinge anzunehmen, die zwar offensichtlich falsch, aber recht nützlich sind. Wenn aber alle Theorien Fiktionen und nur deshalb entworfen sind, weil sie nützlich sind – nach welchem anderen Kriterium als demjenigen der Nützlichkeit geben wir dann irgendeiner Fiktion gegenüber einer anderen den Vorzug?

Wiederholen wir es noch einmal: Eine Theorie ist nicht eine Funktion der Wirklichkeit, sondern eine Funktion unserer Bemühung, die Wirklichkeit zu begreifen. Weil eine Theorie ihr Dasein nur auf unseren Geist beschränkt und

---

[16] Zur grundsätzlichen Einschätzung von Denkmodellen anhand des Kriteriums, wie gut sie Vorausberechnungen ermöglichen und nicht, wie „realistisch" ihre Aussagen sind, siehe Milton Friedman, *Essays in Positive Economics*, University of Chicago Press, Chicago

weil eine Theorie nur ein System abstrakter Ideen ist, sind letztlich alle Theorien in Bezug zur Wirklichkeit etwas Willkürliches. Wir verwenden sie nicht, weil sie „wahr", sondern weil sie nützlich sind. Genauso geben wir nicht der einen Theorie gegenüber der anderen den Vorzug, weil sie wahrer, sondern weil sie nützlicher ist.

Diese Sicht, die die moderne Wissenschaftsphilosophie beherrscht, geht zumindest bis auf Hobbes zurück. Hobbes fand sich in vieler Hinsicht wie Descartes vom radikalen Skeptizismus fortgeschwemmt, in den die damals vorherrschende mechanistische Weltsicht geführt hatte. Um die Wissenschaft zu ermöglichen, war es notwendig, ein Stück aus der Welt herauszuschneiden – in Wirklichkeit ein Gedankensystem –, das nicht der mechanistischen Kausalität unterworfen war. Wenn diese Gedanken frei vom Gesetz des Determinismus waren, wenn man sie nach Belieben hervorbringen und überarbeiten konnte, dann konnte man sie mit den herrschenden deterministischen Prozessen vergleichen und an diesen erproben. Hobbes war dabei klar, daß diese Gedanken nicht ganz natürlich zum Universum gehörten, denn wenn das so wäre, wären auch sie determiniert und folglich nutzlos. Statt dessen mußten solche Gedanken reine Geschöpfe des Geistes sein, weil solche Geschöpfe die einzigen Wesen sind, von denen wir eine gewisse unmittelbare Kenntnis haben. Ich kann mir nur der „Dinge" ganz sicher sein, deren Ursache ich selbst bin, also meiner eigenen mentalen Gebilde. Hatte Descartes fälschlicherweise argumentiert, bezüglich seines eigenen Daseins könne er nicht getäuscht werden, so vertrat Hobbes richtiger, er könne nur diejenigen Dinge wirklich verstehen, die seinem eigenen Geist entsprängen.

Jegliches wissenschaftliches Wissen ist folglich ein Produkt unseres Geistes und nicht des Universums. Wissenschaftliche Theorien werden auf die Weise „konstruiert", daß, wenn wir etwas „wissen", wir selbst der Ursprung dieses Wissens sind. Die solchermaßen konstruierte Welt hat außerhalb unseres Geistes keine Ursache, insofern die einzigen Dinge, die wir zu erkennen vermögen, die von uns selbst erschaffenen sind. Dementsprechend ist die ganze Welt, wie wir sie *kennen*, ein Kunstgebilde unseres Geistes und muß es sein.

Sagen wir es allgemeiner: Angesichts der Tatsache, daß die Welt nicht aus Abstraktionen besteht, hat die Erschaffung solcher Abstraktionen grundsätzlich etwas Willkürliches an sich. Es gibt sehr gute Gründe, begriffliche Abstraktionen zu erschaffen, aber man kann nur aus dem Grund einem System abstrakter Begriffe gegenüber einem anderen den Vorzug geben, weil es nützlicher ist. Nehmen wir ein Beispiel aus den Symbolsystemen: Wir können sagen, arabische Ziffern seien nützlicher als römische, weil sich mit den arabischen bestimmte rechnerische Operationen leichter durchführen lassen. Oder von der Zweckmäßigkeit her gesehen sind europäische Sprachen leichter zu lesen und zu schreiben als Sprachen in Bilderschrift (wie etwa die chinesische). Genauso können wir sagen, mit dem Taschenrechner ließen sich leichter Quadratwurzeln ziehen als mit dem Rechenschieber, Schreibcomputer seien praktischer als Schreibmaschinen und Computer seien viel schneller als Rechenmaschinen. Aber in keinem dieser Fälle können wir kategorisch sagen, irgendeines dieser Dinge sei im absoluten Sinn „besser" als das andere. Das eine ist nur besser als das andere in bestimmter, willkürlich gewählter Hinsicht.

Genauso ist keine Methode der Begriffsbildung objektiv besser als irgendeine andere. In der Struktur des Universums gibt es nichts, was uns genau vorschreiben würde, wie wir unsere Erfahrung abstrahieren müssen, und folglich sind alle Methoden der Abstraktion, von der Wirklichkeit her gesehen, willkürlich. Wir beurteilen bestimmte Abstraktionsweisen nach ihrer Nützlichkeit und nach nichts anderem.

In der Wirtschaftswissenschaft unterstellen wir z. B. oft ein Geschehen, das wir „Markt" nennen, in dem die einzelnen ohne Fremdeinflüsse frei kaufen und verkaufen können. Setzt man eine Reihe anderer Bedingungen voraus, wie etwa vollständige Information und das Nichtvorhandensein eines Monopols, so kann man ziemlich leicht aufzeigen, daß derlei Märkte zu einer optimalen Güterverteilung führen, bei der sich Angebot und Nachfrage die Waage halten. Aber alle Wirtschaftswissenschaftler sind sich darin einig, daß es diese Art Markt in der Wirklichkeit gar nicht gibt, weil ihn eine Reihe unvorhersehbarer Faktoren beeinträchtigen: Das Erwerben von Informationen verursacht Kosten, manche Firmen werden daran gehindert, in den Markt einzutreten, einige wenige Marktführer kristallisieren sich heraus usw. Und dennoch ist das Denkmodell „Markt" bemerkenswert nützlich, so daß die Wirtschaftswissenschaftler daran festhalten, obwohl es offensichtlich „falsch" ist. Alle übrigen ökonomischen Modelle stützen sich auf ähnliche Voraussetzungen (z. B. auf rationales Handeln), von denen man weiß, daß sie strenggenommen nicht stimmen. Diese Modelle werden nicht damit gerechtfertigt, daß sich etwa die Bürger den Prinzipien ökonomischer Vernunft anpaßten, d. h. daß die Voraussetzungen dieser Modelle irgendwie „wahr" wären, sondern weil solche Voraussetzungen zu interessanten Ergebnissen führen.

Alle Theorien fußen auf Voraussetzungen, die man nicht als wahr beweisen kann, weil alle Theorien auf Begriffen beruhen. Das wiederum impliziert, daß alle Theorien von einer dualistischen Welt ausgehen. Wie wir im 2. Kapitel gesehen haben, ist die Welt aber nicht dualistisch. Aus diesem Grund sind unvermeidlich alle Theorien „falsch", insofern sie auf der Grundvoraussetzung des Dualismus beruhen – wie etwa perfekte Information oder ökonomische Vernunft –, von dem wir wissen, daß er falsch ist.

Angesichts der Tatsache, daß allen Theorien grundsätzlich der Dualismus zugrunde liegt, können wir uns eine allgemeine Theorie der Wirklichkeit vorstellen, die die Grundlage aller anderen Theorien darstellt. Diese allgemeine Theorie unterstellt, die Welt sei voller voneinander getrennter Gegenstände, die durch die Zeit fließen und die einander durch Logik, Kausalität usw. zugeordnet sind. In Ermangelung eines besseren Ausdrucks nennen wir diese Welt die „Konsens-Wirklichkeit". Daraus folgt der Satz:

Die Konsens-Wirklichkeit ist eine vermutete Wirklichkeit.

Das bedeutet, man kann nicht beweisen, daß sie „wahr" oder sonst irgendwie „wirklich" ist. Die Welt, wie wir sie kennen, ist für uns eine vermutete Welt, nicht weil wir beweisen können, daß sie tatsächlich existiert, sondern weil es außerordentlich nützlich ist, zu vermuten, daß sie es tue. Mit unserem Glauben an eine äußere Welt, die deterministischen Gesetzen folgt, erschaffen wir eine Welt, die sich aus einer Reihe von Ereignissen zusammensetzt, in die wir mehr oder weniger stark einzugreifen vermögen. Indem wir die Ursachen von Ereignissen manipulieren, ändern wir den Verlauf der Erfahrung und lenken sie in eine andere Richtung, als sie von allein eingeschlagen hätte.

Nehmen wir ein offensichtliches Beispiel: Wenn wir unserem Körper längere Zeit die Möglichkeit entziehen, Nahrung zu verdauen, stellt sich ein Mangel an chemischer Energie ein; wir bilden daraus abstrahierend die Idee „Hunger". Indem wir nun auch noch durch Abstrahierung den Begriff „Nahrung" bilden und kombinieren, daß der Hunger aufhört, wenn wir Nahrung zu uns nehmen, haben wir schon allerhand geleistet, um die Qualität unseres Lebens zu verbessern und seine Dauer zu verlängern. Auf ähnliche Weise bilden wir dazu noch weitere Begriffe wie „Jahreszeiten", „Landwirtschaft", „Haustierhaltung" usw. und versetzen uns dadurch in die Lage, hochkomplizierte Theorien über das Anbauen, Ernten und Verteilen von Nahrungsmitteln zu entwickeln. Kurz gesagt, indem wir dem Hunger eine Ursache zuordnen, können wir ihn vermeiden und in den Griff bekommen.

Dualistische Annahmen sind zwar in vieler Hinsicht eindeutig nützlich, aber in bezug zur Wirklichkeit bleiben sie willkürlich. Unabhängig von unserer Vorstellung existieren sie nicht wirklich, genau wie die Wolken keine genau definierte Form haben, sondern wir ihnen bestimmte Umrisse und Formen zuschreiben.

Von einem anderen Gesichtspunkt als dem der Nützlichkeit aus läßt sich der Dualismus also nicht rechtfertigen. Dementsprechend müssen wir schließen:

Die Konsens-Wirklichkeit ist willkürlicher Natur.

Wie der Begriff des „Markts" ist die gesamte Konsens-Wirklichkeit lediglich ein analytischer Kniff, der Probleme lösen hilft. Wie es keine „Märkte" gibt, so gibt es auch keine „objektive" Welt außerhalb unserer Ideen über sie. Die Welt des Alltagsbewußtseins, des Ichs und unserer Konventionen ist somit bar jeder letztgültigen *metaphysischen* Rechtfertigung. Wäre es möglich, unsere erwünschten Ziele mit Hilfe der Annahme einer irgendwie ganz anders gearteten Welt zu erreichen, so würden wir diese Welt annehmen – und folglich annehmen, daß *sie* existiere.

Gelegentlich führen ansonsten äußerst wirkungsvolle Theorien zu absurden Schlüssen. Das ist natürlich der Fall, wenn theoretische Voraussagen (wie diejenigen über Umlaufbahnen von Planeten) nicht mit beobachtbaren Verhältnissen (wie der Rückwärtsbewegung) übereinstimmen. Weniger offensichtlich kommt es zu Anomalien im Fall von Paradoxen, die sich aus der Struktur der betreffenden Theorie und nicht aus der Natur der Wirklichkeit ergeben.

Dieses Phänomen läßt sich gut anhand eines Beispiels aus einem Zweig der Mathematik, der sogenannten Spieltheorie, illustrieren. Stellen Sie sich vor, zwei Menschen tun sich zusammen, um einen Betrug zu begehen. Um einen historischen Fall zu nehmen: Haldeman und Ehrlichman arrangieren gemeinsam die Unterschlagung von Finanzen der Demokratischen Partei und werden erwischt. Das Beweismaterial genügt aber nicht, um sie wegen Betrugs zu fünf Jahren Haft zu verurteilen. Gleichzeitig liegt allerdings genügend Beweislast vor, um sie wegen einer anderen, geringeren strafbaren Handlung wenigstens zwei Jahre ins Gefängnis zu schicken. Die Staatsanwaltschaft bietet hierauf Ehrlichman einen Vergleich an: Wenn er zum Geständnis bereit ist und gegen seinen Mitverschworenen klare Zeugenaussagen macht, soll er nur ein Jahr Haftstrafe bekommen. Dasselbe Angebot erhält auch Haldeman.

Aus diesem „Spiel" können sich nun also vier mögliche Lösungen ergeben, je nachdem, wie sich die „Spieler" entscheiden. Wenn beide die Zusammenarbeit mit der Polizei verweigern, kommen sie beide für das kleinere Delikt zwei Jahre ins Gefängnis. Wenn Haldeman mitmacht und Ehrlichman nicht, bekommt Haldeman ein Jahr und Ehrlichman fünf. Umgekehrt ist es genauso: Wenn Ehrlichman mitmacht und Haldeman nicht, wandert Ehrlichman ein Jahr ins Gefängnis und Haldeman fünf. Wenn beide den Handel mitmachen, d. h. wenn jeder gegen den anderen aussagt, wird jeder zu vier Jahren verurteilt. Dieses Spiel trägt passenderweise den Namen „Häftlingsdilemma", weil jeder der beiden Häftlinge vor einer schwierigen Wahl steht. Was tut ein vernünftiger Spieler unter diesen Umständen?

Haldeman läßt sich die Situation durch den Kopf gehen und stellt fest, daß er, wenn er nicht aussagt, je nachdem, wie Ehrlichman entscheidet, entweder zwei oder fünf Jahre bekommt. Wenn er andererseits mit der Polizei zusammenarbeitet, bekommt er entweder ein Jahr oder vier Jahre. Folglich bekommt Haldeman unabhängig davon, was wohl Ehrlichman tun wird, auf jeden Fall eine kürzere Haftzeit, wenn er mit der Strafverfolgung zusammenarbeitet. Für Ehrlichman seinerseits sieht die Situation natürlich ganz genauso aus, und so entschließt sich auch er, als Zeuge auszusagen. Das Ergebnis ist, daß sich beide gegenseitig belasten und jeder vier Jahre ins Gefängnis kommt.

Dieses Ergebnis ist widersinnig, weil jeder Spieler länger als notwendig ins Gefängnis muß. Hätten beide die Mitarbeit verweigert, so wären beide nur zu zwei statt zu vier Jahren verurteilt worden. Doch wie wir gesehen haben, wäre eine Verweigerung der Mitarbeit unvernünftig gewesen. Beide taten genau das, was ihnen ihre Vernunft sagte, und doch schneidet jeder schlechter ab, als wenn er das Gegenteil getan hätte. Der Schluß, der sich daraus ergibt, ist eindeutig: in diesem Fall ist es unvernünftig, vernünftig zu sein.

Verantwortlich für dieses verwirrende Ergebnis ist die Annahme – die wir stillschweigend vorausgesetzt haben –, Vernunft bestehe darin, möglichst effektiv auf seinen eigenen Vorteil bedacht zu sein. Geht man davon aus, daß die Individuen immer so handeln, daß ihr eigener Vorteil herauskommt, ergibt sich in diesem Fall der zwingende Schluß, seinen eigenen Vorteil schlage man am besten damit heraus, daß man ihn nicht herausschlage. Das ist Unsinn; aber man entkommt diesem Paradox nicht anders, als daß man die ganze Theorie aufgibt, die ihm zugrunde liegt. Die Anomalie ergibt sich also als unvermeidliches Element der Theorie; wollen wir ihr nicht erliegen, müssen wir die Theorie verwerfen.

Zu einem ganz ähnlichen Schluß kommt man, wenn man mit logischen Schlüssen eine öffentliche Wahl beurteilt. Vernünftige Individuen nehmen an Präsidentenwahlen teil, um zu gewährleisten, daß ihr bevorzugter Kandidat gewinnt. Doch bei einer potentiellen Wählerschaft von 180 Millionen Menschen ist die Wahrscheinlichkeit, daß die Stimme eines einzelnen die Wahl entscheidet, gleich

Null. Folglich ist das Ergebnis das gleiche, ob man wählen geht oder nicht. Angesichts dessen sowie der Tatsache, daß Wahlen sehr viel Zeit und Energie kosten, ist es unvernünftig, sich in diese Kosten zu stürzen und zu wählen. So gesehen ist die Wahrscheinlichkeit, auf dem Weg zum Wahllokal durch einen Unfall ums Leben zu kommen, wesentlich höher als diejenige, das Wahlergebnis zu beeinflussen.

Nun ist es natürlich möglich, daß vernünftige Teilnehmer trotzdem zur Wahl gehen, weil sie glauben, es sei wichtig, das demokratische System aufrechtzuerhalten. Man könnte argumentieren, daß, wenn niemand wählen ginge, das System selbst zusammenbräche; folglich ist es vernünftig, zur Wahl zu gehen, nicht weil man das Wahlergebnis spürbar beeinflußt, sondern weil man damit die Institution der Demokratie aufrechterhält. Doch auch dieser Zugang führt ins genau gleiche Paradox wie vorhin; man könnte nämlich wieder genauso dagegen argumentieren, daß dieses System ja nicht mit einem einzigen Wähler stehen oder fallen wird. Wenn sehr wenige Leute zur Wahl gehen, bricht das System ohnehin zusammen, ganz unabhängig davon, was ein einzelner tut. Genauso wird, wenn viele zur Wahl gehen, die Demokratie weitergehen, wiederum unabhängig davon, ob ein einzelner zur Wahl geht. In jedem Fall ist es also vernünftig, überhaupt nicht zur Wahl zu gehen. Wie im „Häftlingsdilemma" folgt auch hier dieser Schluß unerbittlich aus den Prämissen. Trotzdem gehen die Leute offensichtlich dennoch zum Wählen, was nahelegt, daß sich die Anomalie nicht aus der Wirklichkeit ergibt, die die Theorie beschreibt, sondern aus der Theorie selbst.

Es ist zwar unbequem, aber der Gedanke, daß Theorien derartige Anomalien enthalten, sollte nicht überraschen. Um es in Anlehnung an Gödel auf einen allgemeinen Satz zu bringen: Kein axiomatisches System kann vollständig sein, d. h., kein solches System kann die volle Komplexität der Wirklichkeit einfangen. Diese Unfähigkeit äußert sich

(unter vielem anderen) in der Form theoretischer „Wurm-
löcher", wie etwa der Schluß, daß vernünftige Individuen
unvernünftig sind. Unglücklicherweise leiden alle axiomatischen Systeme unter dieser Art von inneren Widersprü-
chen.

Bei der Konsens-Wirklichkeit handelt es sich um ein solches axiomatisches System. Ihm liegen eine Reihe von a
priori aufgestellten Annahmen zugrunde, wie die der zeitli-
chen Abfolge und der Kausalität und das Prinzip, daß Gegensätze sich ausschließen. Von diesen Annahmen aus konstruieren wir die Welt, indem wir dem erfahrungsmäßigen
Chaos eine begriffliche Struktur auferlegen.

Was wir das „Problem des Lebens" genannt haben, taucht
im Rahmen dieses Wirklichkeitsmodells als Anomalie auf.
Das Leben erscheint als eine willkürliche Ansammlung von
Ereignissen, die von einem isolierten Bewußtseinszentrum
festgehalten werden. Die Erfahrungen dieser Ereignisse werden abstrahiert, so daß wir nicht mehr reine Erfahrung sind,
sondern diejenige Person, der alle diese Erfahrungen zuteil
werden. Weil diese Person ins Netzwerk einer aus Begriffen
gebildeten Theorie verstrickt ist und diese Begriffe auf andere Dinge verweisen oder diese bedeuten, versuchen wir,
aus unserer Erfahrung irgendeinen Sinn abzuleiten. So ergeben sich als grundlegende Fragen schließlich diejenigen
nach dem „Sinn" des Lebens und dem „Sinn" oder dem
Zweck der Person, die da lebt.

Jedoch bei allen unseren romantischen Suchabenteuern
werden wir den Verdacht nicht los, die Antwort lasse sich
letztlich gar nicht finden. Man mag noch so lange suchen –
der Heilige Gral ist unauffindbar, genau wie noch soviel
Kopfzerbrechen über das „Häftlingsdilemma" zu keiner
besseren Schlußfolgerung führt. Das Problem des Lebens
ergibt sich direkt aus den Annahmen, die der Konsens-
Wirklichkeit zugrunde liegen. Wir versuchen, unserer Erfahrung einen Sinn zuzuschreiben, indem wir unserer Er-

fahrung die Aufgabe zuteilen, auf irgend etwas anderes zu verweisen oder dieses darzustellen. Weil alles und jedes in unserer Konsens-Wirklichkeit einen Sinn hat und weil alles und jedes darin auf etwas anderes verweist oder für etwas anderes steht, erwarten wir, daß auch das Leben selbst irgend etwas anderes bedeute. Jedoch logischerweise kann das Leben nichts anderes bedeuten, insofern das Leben kein Begriff ist. Mit anderen Worten, nur begriffliche Abstraktionen haben eine weitere Bedeutung. Die Wirklichkeit Ihres Daseins – die Wörter auf der Buchseite, die Sie lesen, die Struktur des Papiers, auf die sie gedruckt sind, die Geräusche in Ihrer Umgebung, die Sie vielleicht hören – alle diese Dinge sind der „Stoff", der Ihr Leben bildet. Sie haben nur einen Sinn in sich selbst, keinen darüber hinaus. Sie verweisen auf nichts anderes, bedeuten nichts anderes.

Das Leben läßt sich nicht verstehen; ihm läßt sich kein Sinn zuschreiben, weil das Leben keine Abstraktion ist. Das Bemühen, einen solchen Sinn zu suchen, gleicht deshalb dem Versuch, das „Häftlingsdilemma" rational zu lösen, bei dem man sich in dem Widerspruch verfängt, daß man rational zu sein versucht, indem man sich irrational verhält. Will man rational sein, so muß man bewußt irrational sein, aber indem man irrational ist, ist man in Wirklichkeit rational; folglich muß man aufhören, irrational zu sein, um rational zu sein, und so weiter, endlos. Auf genau die gleiche Weise stellt das Unternehmen, das Leben zu begreifen und seinen Sinn und Zweck zu erfassen, einen endlosen Zirkelschluß des Nichts-Unternehmens dar, bei dem der Geist verzweifelt versucht, sowohl sich selbst als auch seine Erfahrung in den Griff zu bekommen. Das ist, als versuche ein Geräusch sich selbst zu hören.

Dieses Unterfangen wird gelegentlich damit erklärt, daß man irrtümlicherweise von einer Dualität zwischen Subjekt und Objekt ausgeht, die bei der Vorstellung eines Ichs immer vorausgesetzt wird. Alle Ereignisse und Erfahrungen werden von dem sie erlebenden Subjekt objektiviert. Dabei betrachtet sich das Subjekt als festes Zentrum, das alle Sinneseindrücke sortiert und auswertet. Bei der „objektiven Welt" handelt es sich folglich um das System von Dingen, die das Subjekt so objektiviert hat, daß sie vom beobachtenden Subjekt verschieden und unabhängig sind.

Weil dieses Subjekt alles und jedes objektiviert, versucht es auch, sich selbst zu objektivieren und Fragen zu stellen wie: „Was bin ich?" oder „Worin besteht der Zweck meines Daseins?" Nun setzt schon die bloße Tatsache, daß es diese Fragen stellen kann, voraus, daß das Subjekt unterscheidet zwischen Ich-als-Erfahrung und Ich-als-Erfahrender. Folglich haben wir zwei Ichs: eines, das genauer untersucht wird und eines, das die Untersuchung anstellt. Das Ich ist also simultan Forschender und zu Erforschendes, wie die Zeichnung Eschers von einer Hand, die sich selbst zeichnet. Das Ich fragt, wer es ist, aber indem es diese Frage stellt, macht es sich selbst zum Objekt statt zum Subjekt. Da nun aber das Subjekt in Wirklichkeit eine Person sucht – also ein anderes Subjekt –, kann es eine solche nie finden, denn das Unternehmen des Suchens macht aus dem gesuchten Subjekt ein Objekt, und folglich etwas ganz anderes als das, was es sucht.

So entfremdet sich das Ich nicht nur von der „Außenwelt", die aus anderen Menschen und Dingen besteht, sondern aus seinem eigenen Geist. Das tut es, indem es seinen Geist in zwei Hälften bricht, wobei die eine (das Subjekt) in Ewigkeit der anderen (dem Objekt) hinterherrennt. Die Umstände, die zur Frage nach dem Sinn des Lebens führen, sind folglich genau die Umstände, die auch die Beantwortung dieser Frage völlig unmöglich machen. Die Frage nach dem Sinn des Lebens ist also eine notwendige Konsequenz der Annahme, man könne die Welt in Subjekt und Objekt aufteilen, was wiederum eine notwendige Konsequenz aus der Konsens-Wirklichkeit ist. Masao Abe hat das so erklärt:

„Mensch sein heißt, für sich selbst ein Problem sein ...
Mensch sein heißt, ein Ich-Selbst sein; ein Ich-Selbst sein
bedeutet, sowohl von seinem Selbst als auch von seiner
Welt abgetrennt zu sein; und von seinem Selbst und seiner
Welt abgetrennt zu sein, bedeutet, ständig in Angst zu
leben. Das ist die Grundverfassung des Menschen."[17]

Die Suche nach Sinn führt also unvermeidlich ins klassische endlose Zurückschauen auf sich selbst, wobei der
Geist ständig zwischen seinen fälschlicherweise aufgespal-
tenen Hälften hin- und herpendelt.[18]

Um dieses Manöver der Selbsttäuschung zu vermeiden
ist es unerläßlich, die Theorie der Konsens-Wirklichkeit
aufzugeben. Da nun einmal alle Theorien genaugenommen
nicht „wahr", sondern nur brauchbare Hilfsmittel sind,
kann man sie ja tatsächlich abwandeln oder fallenlassen,
wenn sie kontraproduktiv werden. Weil alle Theorien willkürlich gesetzt sind, besteht kein Grund, an einer von
ihnen festzuhalten, wenn sie nicht mehr einem nützlichen
Zweck dient. In unserem jetzigen Zusammenhang stehen
wir offensichtlich an einem Punkt, wo die Konsens-Wirk-

---

[17] Masao Abe, *Zen and Western Thought*, University of Hawaii Press, Honolulu 1985.
[18] Der Teufel, von dem man bei diesem Versuch der Selbstergründung gerit-
ten wird, besteht in der falschen Annahme, es gebe irgendeine Art inneres
Selbst, dessen man sich bewußt werden könne. Das berühmteste Argument
dieser Auffassung ist sicher René Descartes' Spruch „cogito ergo sum" –
„ich denke, also bin ich". Descartes sah, daß er seine Sinneserfahrungen in
Zweifel ziehen konnte, und er schloß daraus, daß er selbst unzweifelhaft
existiere, denn das Vorhandensein seines Zweifels konnte er nicht bezwei-
feln. Die bloße Tatsache, daß er zum Nachdenken fähig war, sollte als Be-
weis dafür herhalten, daß es etwas jenseits oder oberhalb des Flusses der Erfahrungen gebe. Diese Schlußfolgerung ist offensichtlich falsch, insofern sie
nämlich das Objekt des Bewußtseins mit dem Subjekt des Bewußtseins verwechselt, so daß das „Ich", dessen ich mir bewußt werde, nicht eigentlich
das Subjekt als solches ist, sondern das Objekt meines Nachdenkens. Eine
bemerkenswert klarsichtige Erörterung dieses Punktes findet sich bei Jean-
Paul Sartre, *Die Transzendenz des Ego*, übers. v. Herbert Schmitt, Rowohlt,
Reinbek 1964 u. ä.

lichkeit aufhört, nützlich zu sein. Unsere geistige Gesundheit verlangt es, daß wir wissen, wann und wie wir diese Wirklichkeit zugunsten der nicht-dualistischen, nicht-begrifflichen Wirklichkeit der Erfahrung hinter uns lassen sollen.

Um das fertigzubringen, brauchen wir eine Metatheorie, d. h. eine Theorie über alle Theorien. Gödels Theorem ist metatheoretischer Natur, weil es sich dabei nicht um ein Theorem handelt, das aus irgendeinem bestimmten axiomatischen System abgeleitet ist (wie etwa der Satz des Pythagoras), sondern um ein Theorem über axiomatische Systeme. In Begriffen der Wirklichkeitstheorie gesprochen, können wir metatheoretisch sagen, die Konsens-Wirklichkeit unterscheide sich von der „wahren" nicht-dualistischen Welt. Die Metatheorie kann sich auch auf eine bestimmte Theorie beziehen, um unter konkurrierenden Theorien auszuwählen. Bei Occams Dilemma handelt es sich im Ansatz um ein metatheoretisches Prinzip, das empfiehlt, bei sonst genau gleichen Voraussetzungen seien einfachere Erklärungen komplizierteren Erklärungen vorzuziehen. Eine etwas ausgefeiltere Metatheorie gibt es in der Physik; sie verhilft zur Entscheidung, ob und wo man die Quantenmechanik oder die Relativitätstheorie anwenden solle. Oder um es etwas einfacher zu sagen: Diese Metatheorie sagt, die Quantenmechanik solle man bei Untersuchungen im Mikrobereich zugrunde legen (d. h. im atomaren und subatomaren Bereich), aber im Makrobereich (z. B. in Zeit-Raum-Dimensionen) sei die Relativitätstheorie anzuwenden.

Für unseren Zusammenhang brauchen wir eine Art Metatheorie, um unter den verfügbaren Wirklichkeitstheorien die richtige auszuwählen, wobei wir uns die Möglichkeit vorbehalten sollten, auch überhaupt keine Theorie zu wählen. Mit anderen Worten, wir müssen uns eine mentale Software entwerfen, die uns sagt, an welchem Punkt wir alles Theoretisieren „abschalten" sollten. Eine solche Metatheorie läßt sich leicht aufstellen. Wir brauchen dazu lediglich diejenigen Fragen genau zu benennen, zu deren Beantwortung die Konsens-Wirklichkeit nicht taugt. Wir müssen also nur wissen, wann genau wir uns mit der Welt der Konventionen abzugeben wünschen und wann nicht –, d. h. wann wir die Wirklichkeit lieber *erfahren* wollen, statt den Versuch anzustellen, sie zu *begreifen*.

Allerdings gilt hier das gleiche wie bei allen anderen Theorien: Wir behaupten nicht, diese Sicht sei in jeder Hinsicht „korrekt", sondern nur, daß sie nützlich sei. Anders gesagt, die Vorstellung einer Metatheorie führen wir deshalb ein, weil sie dem begrifflich denkenden Geist erlaubt, sich selbst in die Zange zu nehmen. Sie stellt nämlich dem Geist, der in die Falle des begrifflichen Denkens geraten ist, ein Instrument zur Verfügung, um dieser Falle zu entrinnen. Und was noch wichtiger ist: Wenn wir die Konsens-Wirklichkeit als ein komplexes axiomatisches System ansehen, ist der Gedanke durchaus folgerichtig, daß dieses System von sich aus zum Schluß führt, man solle es (zeitweilig) verlassen. Theorien können durchaus „Schlupfloch-Klauseln" enthalten, und sie enthalten auch tatsächlich Vorkehrungen, die den Ausstieg aus ihnen selbst vorsehen.

Um einen Vergleich von John Lilly zu gebrauchen: Man könnte sich den Geist als eine Art „Biocomputer" vorstellen, der mit bestimmten „Programmen" arbeitet[19]. Wie jedes Programm kann man die Konsens-Wirklichkeit nur auf zweierlei Weise abschalten: indem man entweder den Computer ausschaltet und dann neu startet oder indem man im Rahmen des laufenden Programms weiterarbeitet. Die traditionellen Methoden, wie das Verwenden eines *koan* oder die Meditation (worüber gleich noch ausführli-

---

[19] John Lilly, *Programming and Metaprogramming in the Human Bio-Computer*, Doubleday, Garden City, NJ 1967.

cher zu sprechen sein wird) sind Beispiele für das erstere: man überlastet den Computer, was zur Folge hat, daß er „abstürzt". Mit unserer Vorstellung einer Metatheorie hingegen schlagen wir den zweiten Weg vor: das Programm „begriffliches Denken" durch das begriffliche Denken im Rahmen dieses Programms selbst zum Scheitern zu bringen. In beiden Fällen ist das Ergebnis das gleiche. Um noch einmal das Bild aufzugreifen: Es besteht darin, Zen zu erlangen, indem man zum „Betriebssystem" zurückkehrt, das dem nicht-begrifflichen Geist entspricht, d. h. dem Ausgangspunkt, an dem noch kein Programm läuft.

Die Metatheorie nimmt also die Konsens-Wirklichkeit und implizit auch das Ich-Selbst als gegeben an. Geht man davon aus, so gelangen wir, wie in diesem Kapitel zu zeigen versucht wurde, an den Punkt, wo offensichtlich wird, daß (a) diese Welt willkürlich ist und (b) das Problem des Lebens ein illusionäres Kunstgebilde ist, das sich daraus ergibt, daß man dieses willkürliche Geschöpf mit der Wirklichkeit selbst verwechselt. Das wiederum führt zu dem Schluß, daß (c) die Vernunft selbst dringend verlangt, den Weg des Zen einzuschlagen. Die Notwendigkeit, Zen zu erfahren, läßt sich auf diese Weise logisch innerhalb des Rahmens der wissenschaftlichen Forschung ableiten.

Die Suche nach dem Sinn des Lebens ist ein natürliches und sehr menschliches Unterfangen, aber sie entstammt einem irrtümlichen Selbst-Verständnis. Wie wir im vorigen Kapitel gesehen haben, sind wir nur Bewußtheit, obwohl es den Anschein hat, wir seien jemand, der Bewußtheit hat. Folglich geben wir uns alle Mühe, herauszufinden, wer diese Person ist und warum sie oder er existiert. Natürlich ist das ein unmögliches Unternehmen, und zwar deshalb, weil sich die Bewußtheit nicht ihrer selbst bewußt sein kann. Wenn das wahre Selbst in erster Linie Bewußtheit ist, dann ist die ganze Vorstellung, man müsse einen Sinn entdecken, absurd, denn wir sind nichts als Leben. Ebenso kann man keinen Sinn oder Wert für seine Erfahrung erkennen, denn man ist einzig und allein Erfahrung.

Demnach ist die Suche nach Sinn das Bedürfnis eines illusionären Ich, das geistlos das Unmögliche versucht, wie ein Ohr, das versucht, sich selbst beim Hören zuzuhören. Die Tatsache, daß sich kein Sinn finden läßt, ist kein Grund zur Verzweiflung, denn das Problem besteht nicht im Fehlen eines Sinns, sondern in den logischen und erfahrungsmäßigen Irrtümern, die überhaupt erst zur überflüssigen und zwecklosen Frage nach dem Sinn führen. Wenn der Geist das eigentliche Problem erkennt, hört er damit auf, ständig um sich selbst zu kreisen. Die damit verbundene Angst und Verwirrung verschwinden. Somit aber ist die Frage nach dem Sinn des Lebens beantwortet.

Eine solche Einstellung gleicht in vieler Hinsicht dem Skeptizismus des David Hume oder der logischen Positivisten[20]. Für sie ist jegliche metaphysische Spekulation lediglich „Unsinn, den man bleiben lassen muß". Alle Theorien über die ontologische Wirklichkeit, so vertreten sie, sind leer und nichtig. Wenn wir diesen Umstand verkennen, konstruieren wir logische Zwickmühlen, indem wir die rein gefühlsmäßige Frage „Was ist der Sinn des Lebens?" mit einer soliden intellektuellen Fragestellung verwechseln. Unsere ängstliche Sorge, unserem Leben fehle eine spirituelle Mitte, ist die Folge von falschen Erwartungen, die wiederum daher stammen, daß wir hohles Geschwätz für tiefsinnige Aussagen halten. Das Ziel der Philosophie besteht folglich darin – wie Bertrand Russell gesagt hat –, uns selbst aus solchen Fallstricken zu befreien, indem wir den Sinn der Sprache erhellen und fragen, was hinter den Begriffen eigentlich steht.

---

[20] Die beste Textsammlung über den logischen Positivismus und seine Vorläufer ist vermutlich Alfred Ayer (Hrsg.), *Logical Positivism*, The Free Press, Illinois 1959.

Ziemlich genau im selben Sinn hat Wittgenstein vertreten, philosophische Probleme ergäben sich aus der Unzulänglichkeit unserer Begriffsbildungen.[21] Für unseren Zusammenhang hier heißt das: Unser Begriff des Selbst ist unzulänglich, weshalb wir uns mit einem falschen Ich identifizieren, und die Folge sind Verwirrung und Angst. In diesem Licht besehen ist das Zen eine Art Philosophie, denn es dient dazu, diese Verwirrung zu beheben.

---

[21] Eine allgemeinverständliche Erörterung bietet G. E. M. Anscombe, *An Introduction to Wittgensteins's Tractatus*, Hutchinson, London 1971.

5. KAPITEL

Die Ursprünge des Zen

*Wer aus einer Skizze einen Apfelkuchen backen will, muß
zuerst das Universum neu erfinden.*   Carl Sagan

*Satori ist in Wirklichkeit etwas, das sich ganz natürlich
einstellt. Es ist etwas so Einfaches, daß man vor lauter
Bäumen den Wald nicht mehr sieht. Versucht man es zu erklären, so sagt man unvermeidlich gerade Dinge, die andere völlig verwirren.*   Carl Gustav Jung

Bis jetzt haben wir das Zen in der Sprache der westlichen
Philosophie und Wissenschaft erörtert. Nun entstehen aber
offensichtlich Philosophien nicht von allein aus einem Va-
kuum heraus. Wie alle sozialen Ideen entwickeln sie sich
im Lauf der Zeit im Rahmen eines bestimmten kulturellen
und intellektuellen Kontexts. Im vorliegenden Kapitel
zeichnen wir die Entwicklung des Zen im Kontext seines
geistesgeschichtlichen Umfelds nach.

Dabei gilt es gleich zu Beginn zwei Einschränkungen zu
machen. Die erste betrifft den enormen Umfang dieser Aufgabe. Es ließen sich unzählige Bücher über die zahlreichen
Themen schreiben, um die es in diesem Kapitel geht (und
solche Bücher sind auch bereits unzählige geschrieben worden). Wir bemühen uns, unser Vorhaben auf ein vernünfti-
ges Maß zu begrenzen, und konzentrieren deshalb unsere
Aufmerksamkeit auf die intellektuelle Entwicklung der
Ideen, die zum Zen geführt haben. Oder mit C. G. Jungs
eingangs zitiertem Bild gesprochen: Bei unserer Darstellung

vernachlässigen wir eine ganze Anzahl Bäume, aber desto klarer können wir dafür hoffentlich den Wald vor Augen führen.

Die zweite Schwierigkeit betrifft das Zwillingsproblem der Interpretation und der historischen Rekonstruktion. Wie das bei vielen anderen Disziplinen auch der Fall ist, enthält die wissenschaftliche Literatur über das fernöstliche Denken so viele Ungereimtheiten, daß sie weithin keine klaren Ergebnisse zeitigt. Aus diesem Grund ist es oft unmöglich, selbst relativ einfache Fragen definitiv zu klären, wie etwa diejenige, in welchem Jahr der Buddhismus nach China gekommen ist, ganz zu schweigen von der exakten Auslegung dieses oder jenes Textes. Um uns erst gar nicht in diesen Diskussionen zu verlieren, lassen wir sie ganz beiseite und erheben nicht den Anspruch, hier eine streng wissenschaftliche oder vollständige Abhandlung zu bieten.

Dem Zen unmittelbar voraus geht eine Reihe von Grundsätzen, die als Taoismus bekannt sind. Die Überlieferung besagt, der Begründer dieser Bewegung sei Lao-tse gewesen. Die Einzelheiten seines Lebens (und sogar die Frage, ob es ihn überhaupt gegeben hat) sind Gegenstand wissenschaftlicher Diskussion, aber im wesentlichen ist man sich darin einig, es handle sich bei ihm um eine historische Persönlichkeit, die im 6. Jahrhundert v. Chr. in China gelebt hat. Gelegentlich wird vertreten, er habe eigentlich Li Erh geheißen, und Lao-tse sei ein Ehrentitel, der wörtlich „alter (lao) Philosoph oder Weiser (tse)" bedeute. Jedenfalls ist der Taoismus als mehr oder weniger einheitliches Gedankengebäude erstmals historisch greifbar mit seinem Buch *Tao Te king* („Der Weg und seine Kraft")[22]. Etliche der in diesem Buch formulierten Gedanken waren allerdings schon lange

---

[22] deutsch: *Laotse, Tao Te king*, Text und Kommentar von Richard Wilhelm, Eugen Diederichs Verlag, Düsseldorf-Köln 1978.

vor dieser Zusammenfassung und Systematisierung in China geläufig. [23]

Beim Taoismus handelt es sich um ein System der Befreiung vom Leiden und von der Verwirrung, die mit dem gewöhnlichen Bewußtsein einhergehen. Was dieses Bewußtsein vor allem einschränkt – also das Gefängnis, aus dem man es befreien muß –, sind die sozialen Konventionen. Wie das Wort sagt, handelt es sich bei Konventionen um kollektive Übereinkünfte darüber, wie man sich verhalten, wie man denken und wie man funktionieren solle. Die Konvention definiert die Sprache, die Sitten und Gebräuche und die Interpretation aller Erfahrungen, die man macht. Wir kommen überein, den Baum getrennt vom Boden zu sehen, in dem er verwurzelt ist, und die sich daraus ergebenden Objekte „Baum" und „Boden" zu nennen. Genauso definieren wir diese Ganzheiten als voneinander getrennte Objekte, im Gegensatz etwa zu einem fortwährenden Prozeß des „Baumwerdens". Nun können wir zahlreiche Konventionen als solche erkennen, wie etwa das Wort „Baum", aber andere, wie die Idee von Bäumen, sind unserem Denken derart eingewurzelt, daß es schwierig wird, sich zu vergegenwärtigen, daß es sich dabei nur um Übereinkünfte und nicht unbedingt um notwendige Elemente des Kosmos handelt. Mit anderen Worten, wir verwechseln das sozial definierte Universum mit dem tatsächlichen Universum, und die Folge ist, daß wir unsere sozial vereinbarte Ordnung mit der Naturordnung gleichsetzen.

Diese Verwechslung ist überall am Werk, so daß wir dazu neigen, unsere kulturellen, religiösen und wissenschaftlichen Traditionen in den Rang tatsächlicher Wirklichkeiten

---

[23] Eine grundsätzliche Erörterung des Taoismus bietet K. Bhaskra Rao, *Taoism and Buddhism*, Navodaya Publishers, Vijawada (Indien) 1971. Eine weniger wissenschaftliche und eher persönliche Darstellung bietet *J. C. Cooper, Was ist Taoismus? Der Weg des Tao – eine Einführung in die uralte Weisheitslehre Chinas*, Scherz, Bern 1993.

zu erheben. Soziale Vorstellungen wie Individualität, freier Markt und Relativität, soziale Rollen wie Schwester, Student und Intellektueller, soziale Praktiken wie Monogamie, Händeschütteln und Gespräche bei einer Tasse Kaffee: all das sind Konventionen, die es einzig deshalb gibt, weil wir als Gesellschaft vereinbart haben, uns mit ihrer Hilfe zu organisieren und zu verständigen.

Wir sozialisieren unsere Kinder nach diesen Normen, wir bringen ihnen bei, was akzeptabel ist und was nicht. Wir setzen wirksame soziale Strafen für den Fall fest, daß jemand sich nicht einfügt. Wer gegen die wichtigsten dieser Normen verstößt (wie etwa das Eigentumsrecht), wandert ins Gefängnis. Wer sich nur an den Randzonen danebenbenimmt (sagen wir, als politischer Blender), wird nur von manchen als unseriös abgetan. Auf diese Weise bringen wir den einzelnen bei, nach vorgegebenen Mustern zu denken und sich zu verhalten; gleichzeitig schaffen wir Anreize (in Form von Belohnungen und Strafen), sich an diese Muster zu halten. Das Ergebnis ist ein Gefüge sozial definierter und aufrechterhaltender Normen, die nicht nur unseren Umgang miteinander regulieren, sondern gleichzeitig auch unsere Denkungsart.

Diese soziale Konditionierung wirkt am stärksten dadurch, daß man andere und sich selbst mit bestimmten sozialen Rollen identifiziert. Wir werden Rechtsanwälte, Ehemänner, gehobener Mittelstand, Amerikaner oder Deutsche. Wir ordnen andere ein als Kunden, Ehefrauen, Angehörige der Arbeiterschicht und Ausländer. Diese sozialen Rollen, verbunden mit den Spielregeln, die für das jeweilige Verhalten gelten, machen einen großen Teil unserer Identität aus: sie sagen uns, wer wir in bezug auf unsere Umgebung und zueinander sind (und wie wir uns zu benehmen haben).

Die Konvention definiert auch tiefergreifend unsere Identität, denn wir haben vereinbart, daß sich jeder von uns als

Ich umschreibt. Wir verstehen unser Selbst seiner Substanz nach als die Gesamtsumme aller unserer Erinnerungen und Eindrücke. Wenn wir Erfahrungen machen, registrieren wir sie als Dinge, die uns widerfahren, und nicht etwa als Dinge, die wir sind. In unserer Kultur haben wir uns entschieden, uns selbst als Erfahrungszentren zu verstehen, die sich von der Erfahrung als solcher unterscheiden.

Lao-tses Einsicht bestand darin, daß jegliche Konvention nichts als Konvention ist. Hinter der sozial determinierten Welt gibt es eine andere, wirklichere Welt. Weil sie jenseits unserer Konventionen liegt, taugen unsere sprachlichen Konventionen nicht zu ihrer Erklärung oder Beschreibung. Daher nennen wir sie im Anschluß an Lao-tse „Tao".

Das Tao ist die Wirklichkeit, die unterhalb der Welt der Dualismen und der Konventionen liegt. Das Wort bedeutet wörtlich übersetzt „Weg" oder "Pfad", weckt also das Bild des Lebenswegs oder Lebenslaufs. Etwas vereinfacht gesagt ist das Tao die *Natur* im weitesten Sinn des Wortes. Es ist die Kraft, die jegliches Leben und Dasein lenkt, die Mutter von allem unter den Himmeln. Es ist die andauernde, nie sich wandelnde Einheit, die die scheinbare Vielheit der Formen Lügen straft. Das Tao ist die Gesamtheit von allem, was es gibt, der Grund für alles Seiende. Es ist ein sich entfaltendes Universum, das im Tiefsten prozeßhafter, ereignishafter, aktiver Natur ist. Das Tao ist die spontane Schöpferkraft, die Quelle, aus der die Welt geboren wird. Es ist das Absolute, der Erste Beweger, der Grund des Seins. In der Begrifflichkeit des Aristoteles ist das Tao der Logos alles Seienden.

Es gibt einen anderen, davon leicht verschiedenen Gebrauch des Wortes Tao. Darin wird das Tao als Nichts oder Nicht-Sein (*pen-wu*) bezeichnet. Es ist die Quelle, aus der alles kommt, das Nicht-Ding, aus dem die Dinge als individuierte Substanzen hervortauchen. Man kann auch sagen, das Tao sei die Leere, aus der die Fülle quillt. Der Satz „Alles ist Leere" darf aber nicht in dem Sinn mißverstanden werden, als existiere nichts, sondern so, daß die Wirklichkeit leer von den Objekten und Dingen ist, die unsere Konvention definiert. Die Materie existiert sehr wohl, aber sie wird in Wirklichkeit nicht von den willkürlichen Kategorien, die wir vereinbart haben, unterteilt. Daher ist es für uns unmöglich, die Substanz des Tao zu begreifen, denn uns erscheint es leer von all den Wesenheiten, die die Welt des gewöhnlichen Bewußtseins bevölkern. Hier gibt es nicht mehr die Abstraktion von Baum und Boden, Mann und Frau, Sonne und Himmel, sondern die „wirkliche" Welt des Tao ist „leer".

Als Gedankensystem stellt der Taoismus die Aufforderung dar, vom Tao her die Wirklichkeit zu erkennen und zu leben. Jede Konvention beeinträchtigt dieses Unterfangen, insofern die Konvention ihrer Definition nach ein künstliches Gebilde des Menschen ist, das der Natürlichkeit und Spontaneität, die das Tao vertritt, im Wege steht. „Im Tao sein" heißt notwendigerweise, ungezwungen und natürlich zu handeln. Dazu ist es erforderlich, daß wir alle bewußten Versuche, unseren Geist zu kontrollieren, bleiben lassen, weil solche Versuche unvermeidlich zu etwas nicht Spontanem führen. In diesem Sinn gehört zur „Kontrolle" sowohl das bewußte Abwägen als auch – und das ist noch wichtiger – die gewöhnliche Art, in dualistischen Mustern zu denken. In der Terminologie unserer früheren Kapitel gesagt: man muß seinen Geist „loslassen". Oder anders formuliert, weil das Tao sich jeder Kategorisierung entzieht und daher nicht in unsere begrifflichen Denkschemata paßt und weil es alle Konventionen sprengt, steht das dualistische Denken dem Tao im Weg. Im Chinesischen wird darum *wu-wei* empfohlen, d. h. Nicht-Tun, oder genauer: Nicht-bewußtes Tun. *Wu-wei* bedeutet: man läßt nicht den bewußt steuernden Geist alles beherrschen. *Wu-wei* pflegen heißt, die Dinge sein lassen, wie sie sind (einschließlich unseres eigenen

Geistes), in dem Sinn, daß man der Natur bzw. dem Tao seinen eigenen, freien Lauf läßt.[24]

Indem wir unserem Geist die Freiheit lassen zu tun, was er aus sich heraus will, befreien wir uns von den lärmenden Fesseln der Konvention. Wir öffnen uns gleichzeitig dem Fluß des Tao und lassen an die Stelle der Machenschaften unseres bewußten Nachdenkens das treten, was man Intuition nennen könnte. Dieses völlige Sich-Einlassen auf die Intuition setzt voraus, daß man nicht mehr selbst-bewußt ist, d. h. daß der Geist handelt (oder denkt oder wahrnimmt), ohne sich auf konventionelle Vorstellungen über ein eigenes Ich zu verlassen oder zu beziehen.

Tschuang-tse, ein späterer Schüler des Lao-tse, erklärt diesen Vorgang mit dem Bild vom „Fasten mit dem Geist". Man weigert sich, seinen Geist zu „ernähren", indem man ihn sich mit Erfahrungen vollfressen und sich an sie hängen läßt. Dadurch eröffnet man ihm die Möglichkeit, sich ungehindert im Sinn des *wu-wei* zu verhalten. Tschuang-tse vergleicht den intuitiven, nach nichts greifenden Geist mit einem Spiegel:

„Der vollkommene Mensch verwendet seinen Geist wie einen Spiegel. Der Spiegel greift nach nichts. Der Spiegel weist nichts ab. Er ist reines Annehmen. Er hält nichts fest."[25]

Der Geist sollte also wie der Spiegel nur das reflektieren, was in ihn fällt. Genau wie ein ganz blanker Spiegel nur die

---

[24] Lao-tse meint, eine der grundlegenden Tugenden, die sich aus dem Tao ergeben, bestehe darin, lieber schwach als stark, lieber Pazifist als Aggressor zu sein. Das steckt im Ideal des Tuns durch Nicht-Tun (*wu-wei*). So liefert das *Tao Te king* vermutlich das erste deutlich ausformulierte Argument für den Pazifismus und auch die erste bekannte Ermahnung, Böses mit Gutem zu vergelten. Aus diesem Grund wird der Taoismus oft als eine Lehre verstanden, die nicht nur metaphysischer, sondern auch eindeutig politischer Natur ist.

[25] H. Giles, *Taoist Teachings*, Murray London 1925.

Bilder wiedergibt, die er empfängt, und nicht etwa seine eigenen Kratzer und Unvollkommenheiten, so macht es auch ein richtig geordneter Geist: er schmückt nicht das, was er aufnimmt, mit seinen eigenen Vorstellungsmustern aus. Der beste Geist ist derjenige, welcher seiner selbst gar nicht gewahr ist, genau wie der beste Spiegel gar nichts von sich selbst ins Spiel bringt.

Wenn man diesen Bewußtseinszustand erreicht, setzt man die verborgene Macht, die Vitalität des Tao frei, die in uns allen steckt. Wo sie sich in einer Person bemerkbar macht, wird diese Kraft *te* genannt. Sie regt und entfaltet sich im Geist ganz natürlich, wenn die Fesseln abfallen, die ihm das Ich und das konventionelle Denken angelegt hatten. Indem man den Geist losläßt, befreit man ihn von den starren Schemata der begrifflichen Kategorien. Das geschieht beispielsweise in der Musik und beim Tanz, wenn man alle Regeln hinter sich läßt und instinktiv spielt und sich bewegt. Genauso sind die guten Vortragskünstler – das wissen alle Studenten – nicht diejenigen, die stur ihren vorgefertigten Text ablesen, sondern solche, die spontan und ohne Konzept überzeugend etwas vortragen können. Alle guten Tänzer, Musiker und Lehrer sind „im Tao" und tragen ihre Kunst ganz natürlich und spontan vor.

Te bedeutet auch „Tugend", und zwar in einem zweifachen Sinn. Der erste Sinn entspricht in etwa dem Tugendbegriff des Aristoteles, der sagt: „Tugend" ist die innere Qualität oder Disposition, die es einem Menschen ermöglicht, sein *telos*, d. h. den Sinn und das Ziel seines Lebens zu erreichen. *Te* wäre in dieser Hinsicht also unsere Tauglichkeit zum vollen, reifen Menschsein; *te* wäre gleichzeitig das, als was wir im Ideal gedacht sind und was wir sein sollen, um Harmonie und Erfüllung zu erlangen.

In einem zweiten Sinn bedeutet *te* als „Tugend" eine spontane, natürliche Heiligkeit im Unterschied zu anerzogenen, künstlichen, aufgesetzten Verhaltensnormen. Aus der Sicht des Tao sind alle von Menschen geschaffenen Moralsysteme künstlich und aufgesetzt, und folglich verleiten sie die Leute dazu, unaufrichtig, ja unmoralisch zu werden. Sie weisen Brüche und Inkonsequenzen auf, weshalb man sie nicht ernst nehmen kann. *Te* steht folglich im Gegensatz zu dem, was man landläufig unter Moral und Ethik versteht, weil es sich dabei um künstliche Ersatzprodukte handelt, die die wahre Tugend blockieren. Wer wirklich moralisch sein will, muß alle klugen Gedanken über Moral hinter sich lassen. Dahinter steht die Überzeugung, daß alle vorgefaßten Begriffe über rechtes Handeln oder rechtes Denken die Menschen nur dazu führen, sich unspontan oder gehemmt zu verhalten, sich also gegen das Tao zu sperren. [26]

Te lehrt uns, daß wir wieder ganz einfach werden sollten. Wir sollten keinen Besitz erwerben, keine Bücher über Philosophie lesen und uns keiner moralischen Ausbildung unterziehen, denn solche Unternehmen entfernen nur das Selbst von seinem natürlichen Zustand. Die Anhänglichkeit an weltliche Dinge, wie das gewissenhafte Einhalten konventioneller Verhaltensregeln, fördern die Entfremdung, das Unglücklichsein und das Kreisen um sich selbst.

So merkwürdig diese Ansichten klingen, sie sind unserer eigenen kulturellen Erfahrung gar nicht so fremd, wie die Romantiker (etwa Shelly) oder die Transzendentalisten (etwa Whitman und Thoreau) bezeugen. Ähnlich hat Thomas Jefferson betont, die natürliche und unaffektierte Tugend sei viel wichtiger als die angelernte und eingebleute. Wenn man einen „einfachen Bauern und einen Professor" mit einem moralischen Dilemma konfrontiere, „trifft der Bauer eine genauso gute, ja oft bessere Entscheidung als der

---

[26] Wenn wir z. B. zu keinem rechten Entschluß kommen, weil wir mehrere Möglichkeiten abwägen und durchdenken, beeinträchtigt das unser ursprüngliches, spontanes, natürliches Entscheidungsvermögen.

Professor, weil er nicht durch allzu viele künstliche Regeln verwirrt ist"[27].

Folglich sollte unser Ziel der „edle Wilde" Rousseaus sein – der natürliche Mensch, der unverdorben ist von der Wissenschaft, Technologie, Überheblichkeit und generellen Dekadenz des modernen Lebens.

Mit Lao-tses Worten aus dem *Tao Te king* gesprochen:

Verjag die Weisheit, wirf das Wissen weg,
Und du wirst hundertfach gewinnen.
Verjag dein mitmenschliches Gefühl, wirf die Moral hinaus
Und die Menschen werden Pflicht erkennen und das Mitleid üben.

Damit soll also gesagt sein, daß unsere Fixierung auf abstrakte, konventionell definierte Vorstellungen von Weisheit und Moral dem wirklichen moralischen Verhalten im Weg stehen. Wer echtes Mitleid entwickeln will, muß alle Ideen über Mitleid hinter sich lassen. Wer die wirkliche Weisheit entdecken will, muß alle Vorstellungen über Weisheit aufgeben. Wer tugendhaft sein will, muß loskommen vom Wunsch, tugendhaft zu werden.

Die Befreiung besteht also darin, an die Stelle aller künstlich aufgesetzten Konventionen die Spontaneität des Tao und die Kraft und Tugenden des *te* treten zu lassen. Die Umwandlung ist in dem Sinn etwas Befreiendes, als sie das Selbst aus dem Eingesperrtsein in eine sozial definierte Welt begrifflicher Abstraktionen herausführt, die man fälschlicherweise für die Wirklichkeit gehalten hatte. Die Freiheit, die man dabei gewinnt, stammt aus dem persönlichen und direkten Erfahren und Verstehen der wahren Wirklichkeit, nämlich des Tao. Kurz, die Befreiung besteht im Wahrnehmen des allem zugrundeliegenden Daseins-

---

[27] *The Papers of Thomas Jefferson*, edited by Edward Dumbauld, Bobbs-Merrill, Indianapolis 1955, vol 12, S. 15.

stroms, den wir Tao nennen, im Sich-Identifizieren mit ihm, im Leben in Übereinstimmung mit ihm.

Tschuang-tse wies besonders darauf hin, daß es darum geht, die grundlegende Einheit zu sehen, die alle dualistischen Gegensätze miteinander verbindet. Gut und böse, wahr und falsch, oben und unten – das alles ist relativ. Es entsteht immer simultan: setzt man das eine, so wird immer gleich das andere mitgesetzt. Anschaulich wird das in dem allgemein bekannten Rundsymbol des yin-yang vor Augen geführt. Schwarz und Weiß stellen die beiden dualistischen Pole dar, die in einer allumfassenden Einheit miteinander verbunden sind. Es sind genaugenommen keine Gegensätze, sondern sie bedingen einander gegenseitig; sie verbergen das Tao nicht, sondern sind sein höchster Ausdruck. Wir haben vom Dualismus genau wie von anderen Produkten unserer Konventionen eine falsche Vorstellung, die sich im Tao auflöst. Man kommt davon los, indem man einsieht, daß alle Gegensätze in der Einheit des Tao zur Synthese finden.

Der Buddhismus entstand im 6. Jahrhundert v. Chr. als Reformbewegung innerhalb der viel älteren Tradition des Hinduismus. Der Kanon der Hindu-Schriften ist bekannt als die *Veden*. Er enthält eine Vielzahl von Schriften, die im Zeitraum von tausend Jahren, angefangen um 1400 v. Chr., entstanden sind. Aus der Sicht des Buddhismus stellt den wichtigsten Bestandteil dieses Kanons eine Sammlung namens *Upanishaden* dar, die ab ca. 800 v. Chr. im Lauf mehrerer Jahrhunderte aufgezeichnet wurden.

Für unseren Zusammenhang ist wichtig, daß im Mittelpunkt dieser Tradition eine mythologische Kosmologie steht, in der ausgemalt wird, wie ein höchstes Bewußtsein spielerisch die Vielfalt des Universums hervorbringt. Dieses Bewußtsein, gelegentlich als *Brahman* oder *purusha* bezeichnet, ist die heilige Urkraft, die dem Universum Gestalt gibt und es zugleich im Dasein hält. Als solche ist sie der

Grund des Lebens und jeder Erfahrung. Ursprünglich war diese Urkraft eine ungeteilte Ganzheit, aber sie hat beschlossen, sich zu zersplittern und in lauter einzelne Wesen zu zerfallen. So stand ganz am Anfang die Einheit des Einen, und dieses Eine beschloß, sich aus reiner Lust und Freude in die Welt, wie wir sie kennen, zu zerteilen und zu konkretisieren. Doch im Verlauf dieser Aufteilung hört das *Brahman* nicht auf, *Brahman* zu sein; es ist nicht wie bei einem Baum, wenn er gefällt und zersägt und gespalten wird und dann kein Baum mehr ist. Beim *Brahman* ist das anders: die Summe seiner Teile ist nichts Größeres als das Ganze.

Alle fühlenden Wesen sind die Augen und Ohren des *Brahman* – ja, sie sind buchstäblich das *Brahman*. Anders gesagt, das Fühlen aller Lebewesen ist das Fühlen des *Brahman*. Da das *Brahman* göttlich ist, haben alle Lebewesen an dieser Göttlichkeit teil. So verkörpern alle Lebewesen den Grund des Universums und die Intelligenz, die sie einst erschaffen hat und unablässig lenkt. Das *Brahman* existiert folglich nicht nur in den Lebewesen, sondern die Lebewesen *sind Brahman*. Die zentrale Aussage der *Upanishaden* lautet, daß grundsätzlich das *Brahman* das Selbst (*atman*) ist. Daraus ergibt sich, daß das Selbst-als-*atman* oder das Selbst-als-*Brahman* sich unterscheidet von dem, was man gewöhnlich als Selbst-als-Ich ansieht, und daß es größer ist als dieses.

Es gibt sehr unterschiedliche Auslegungen (oder *darsana*) dieses Punktes, aber in der Vedanta-Schule besteht das spirituelle Ziel darin, sein eigenes wahres Selbst oder *atman* zu entdecken bzw. wiederzufinden. Shankara sagt das besonders deutlich und klar: weil nur das *Brahman* letztlich wirklich (*sat*) ist, ist das Ich-Selbst unvermeidlich reine Illusion (*maya*). So gibt es folglich zwei Ebenen der Wahrheit oder der spirituellen Bewußtheit: die erste, niedrige ist diejenige des gewöhnlichen Bewußtseins, die zweite, höhere ist die Identität mit dem *Brahman*.

Wer in *maya* verstrickt ist, ist in die Vordergründigkeiten des Lebens und die Süchte seines Ego verstrickt. Das rührt daher, daß man es unterlassen hat, *wu-wei* zu üben, und die Folge ist *karma*. Die Lehre vom *karma* wird gelegentlich als moralischer Imperativ mißverstanden; in Wirklichkeit handelt es sich dabei um eine Art Erfahrung des Festklebens. Wer keinen Sinn für die Haltung des *wu-wei* entwikkelt, d. h. wer sich im vordergründigen Leben verliert, der produziert *karma*, das darin besteht, unablässig weiter in dieses Leben verwickelt zu bleiben, also an der Welt des *maya* „klebenzubleiben". Das *karma* führt dann dazu, daß der Betreffende in der Falle des *samsara* festsitzt, des sogenannten Kreislaufs von Geborenwerden, Sterben und Wiedergeborenwerden. Das in einer Lebenszeit angesammelte *karma* ist sozusagen eine noch nicht aufgearbeitete Hypothek, die es zwingend notwendig macht, daß der Betreffende noch einmal in einem weiteren Leben antreten muß, um sie abzuarbeiten. Wer diesem Kreislauf endlich entkommt, gelangt ins *nirvana*.

Beide Lehren, die vom *atman* und vom *samsara*, sind genau wie im Taoismus teleologischer Natur, insofern sie behaupten, der Natur und dem Dasein liege ein bestimmter Zweck zugrunde. Grob gesprochen besteht dieser Zweck oder dieses Ziel darin, daß der einzelne seine Identität mit dem Absoluten realisiert und dadurch vom *samsara* befreit wird. Die Erleuchtung besteht folglich darin, seine eigene wahre Natur zu erkennen, wozu das Bewußtsein gehört, am Göttlichen teilzuhaben. Diese Erfahrung wird als *moksha* bezeichnet, was „Entlassung" oder „Befreiung" bedeutet, und ihr Ergebnis ist *nirvana*. Das ist ein Bewußtseinszustand, in dem man erkennt, daß man selbst der Grund des Daseins, d. h. *Brahman* ist. Befreiend ist er insofern, als er einem die Selbsttäuschung und das Leiden (*dukkha*) unter dem *maya* nimmt.

Beim *maya* handelt es sich um die Gesamtheit unserer begrifflichen Abstraktionen, also um die Bemühung unseres Geistes, die Erfahrung in ein System fester Kategorien einzupassen. Das ist der Zustand, in dem man die Welt in Schubladen einteilt, in voneinander abgetrennte und scharf unterschiedene Gegenstände. Es ist eine Geistesverfassung, die die Menschen antreibt, abstrakten Idealen nachzulaufen und zu versuchen, ihre vergänglichen Wünsche und Sehnsüchte zu befriedigen. Weil alle diese Sehnsüchte einer grundlegenden Täuschung entstammen, können sie nie befriedigt werden und lassen folglich den einzelnen in einem mehr oder weniger dauernden Zustand der *dukkha*.

Maya ist das Gefangensein im Dualismus, wogegen *moksha* die Befreiung vom Dualismus darstellt. Diese Befreiung besteht darin, daß man sich nicht mehr mit seinem Ich und allen unvermeidlich falschen Vorstellungen über das Selbst identifiziert. Ist man von solchen begrifflichen Irrtümern befreit, wird der Geist fähig, seine wahre Natur als *atman* zu begreifen. Natürlich ist auch die Idee des *atman* wieder eine Art begrifflicher Abstraktion, so daß man sie sich nicht als Ziel vornehmen kann, das man anstrebt; ebensowenig kann man sich angestrengt mühen, ein „wahres" Selbst unter den Schichten der Konvention freizulegen. Wenn man an ein solches Selbst glaubt, ist man schon wieder im *maya* verstrickt.

Etwas übertrieben gesagt: Die Einsicht, daß man das *atman* nicht mit Erfolg suchen kann, stellt die Grundlage der Lehre des Buddha dar.

Das Wort „Buddha" bedeutet ganz allgemein „der Erleuchtete". Als Eigenname verwendet, bezeichnet es den Titel, den der Mann erworben hat, von dem das nach ihm benannte Gedankensystem stammt. So hat das Wort „Buddhismus" also eine doppelte Bedeutung: Es bezeichnet seine Anhänger als eine Art Jünger des Buddha, und es sagt, daß ihr Ziel darin bestehe, selbst zum „Buddha" zu werden.

Der Buddha war eine historische Gestalt, die im 5./ 6. Jahrhundert v. Chr. in Indien gelebt hat. Sein eigentlicher Name war Siddharta, sein Familienname Gautama. Er wird auch (in der japanischen Tradition) als „Shakyamuni" bezeichnet. Zwar ist sein Leben weithin von Legenden überwuchert, aber in groben Zügen ist es doch einigermaßen sicher greifbar. Er wurde im heutigen Nepal als Sohn relativ reicher und politisch einflußreicher Eltern geboren. Im Alter von 29 Jahren entsagte er diesem Leben, um ein Weiser (*rishi*) zu werden und den Frieden (*moksha*) zu erlangen. Er wanderte mehrere Jahre umher, übte sich in Meditation, Yoga, Askese und anderen spirituellen Disziplinen. Trotz oder vielleicht gerade wegen seiner intensiven Anstrengungen machte er kaum Fortschritte. So sehr er es auch suchte, das *atman* blieb außer Reichweite. Als er eines Nachts unter dem legendären Bodhi-Baum in Gaya saß, wurde er jäh erleuchtet. Von da an widmete er sein gesamtes weiteres Leben der Unterweisung seiner zahlreichen Schüler, die sich zu ihm hingezogen fühlten.

Die Grundlage seiner Lehre besteht aus den heute allgemein bekannten „Vier Edlen Wahrheiten". Traditionellerweise wird Siddhartas Ziel so verstanden, daß er ein Leben der Kontemplation führen wollte, um der Ursache des menschlichen Leidens auf den Grund zu kommen und ein Mittel zu finden, sie zu beheben. Die „Vier Edlen Wahrheiten" werden folglich wie die Diagnose eines Arztes vorgestellt: er spezifiziert das Problem und gibt Ratschläge für die Heilung.

Die Erste dieser Wahrheiten ergibt sich aus der Beobachtung, daß *dukkha* das gesamte Leben durchwirkt. Wie wir schon gesehen haben, ist *dukkha* das Leiden oder jede Art von Unglücklichsein, und zwar besonders jenes, das sich aus unserer Unzufriedenheit mit dem Leben ergibt. Der Wunsch nach Reichtum oder Anerkennung ist *dukkha*. Der Ärger über schlechtes Wetter oder warmes Bier ist *dukkha*. Die Angst vor dem Sterben und dem Dahinrasen der Zeit ist *dukkha*. Auf einen Nenner gebracht: das Leben in unserem gewöhnlichen Bewußtseinszustand ist *dukkha*.

Die Ursache von *dukkha*, so sagt die Zweite Wahrheit, ist unsere Gier nach Leben und unser Uns-daran-Klammern (*tanha*). Unser Unglücklichsein ergibt sich aus unserem Wunsch, das Leben solle unsere vorgefaßten Erwartungen davon erfüllen, wie es sein sollte oder wie wir es gern haben möchten. *Dukkha* ist die abgrundtiefe Unzufriedenheit, die sich unvermeidlich einstellt, wenn wir uns unablässig darum bemühen, mit allen Kräften unsere Erfahrungen ins Schema eigener Erwartungen zu pressen. *Dukkha* ergibt sich, wenn wir versuchen, die Welt mit den dualistischen Rastern einer begrifflichen Ordnung zu fassen, d. h. wenn wir in der Falle des *maya* hängenbleiben.

Die Dritte Wahrheit besagt, *dukkha* lasse sich beenden, indem man sein leidenschaftliches Wollen aufgebe. Das wiederum kann man erreichen, wenn man sich an die Vierte Wahrheit hält, die die Anweisung gibt, dem „Edlen Achtfachen Pfad" zu folgen. Die beiden ersten Stufen dieses Pfads betreffen den Geist: man soll 1. richtiges Sehen lernen und 2. das richtige Verstehen. Dabei geht es also um das richtige Erfassen der Lehre bzw. Methode des Buddha, woraus sich alles andere von allein ergibt. Der Anfänger soll die Natur von *dukkha* erfassen und begreifen, wie es sich aus *tanha* ergibt.

Die nächsten drei Schritte beziehen sich auf das Handeln bzw. das ethische Verhalten: 3. richtiges Reden, 4. richtiges Handeln und 5. richtige Lebensweise. Diese Anweisungen sehen zwar ganz wie ethische oder moralische Regeln aus, aber es ist irreführend, sie für solche zu halten. Es handelt sich dabei weder um strenge Gebote, die von irgendeiner transzendenten Macht (etwa Gott) erlassen wären, noch um grundlegende Normen (wie Kants kategorischer Imperativ), sondern lediglich um kluge Ratschläge. Man soll sich nicht deshalb an sie halten, weil man dazu verpflichtet wäre, sondern weil sie ziemlich sicher zum spirituellen Fortschritt verhelfen. Nach dieser Auffassung ist es nichts an sich Sündhaftes, z. B. der Promiskuität oder der Trunkenheit zu frönen, sondern das Verfallensein an solche weltlichen Vergnügen dürfte der Erleuchtung im Wege stehen. So gesehen, gleichen die Anweisungen des Buddha im wesentlichen dem Prinzip des Aristoteles: „Alles im ausgewogenen Maß".

Bei den drei letzten Stufen geht es um die Meditation: 6. richtiges Bemühen, 7. richtige Achtsamkeit (*smriti*) und 8. richtige Konzentration (*samadhi*). Die beiden letzten Begriffe lassen sich nur schwer genau fassen. Beim *smriti* geht es um eine vollständige, unbegrenzte Achtsamkeit in dem Sinn, daß man alles, was ins Bewußtsein tritt, wahrnimmt und erfährt, ohne es zu beeinträchtigen. *Tanha* hört auf, und damit läßt der Geist von seinem ständigen Versuch ab, sich an irgendeiner Erfahrung festzuklammern. Um einen Vergleich aus dem Taoismus zu gebrauchen: *smriti* benützt den Geist wie einen Spiegel. Tatsächlich geht es um die innere Verfassung des *wu-wei*, die Einstellung, in der der Geist völlig passiv, aber gleichzeitig völlig klar ist. Das ist ein Zustand, in dem der Dualismus transzendiert und das Ego aufgegeben wird.

Das *samadhi* schließlich ist die sich daraus ergebende Einstellung, mit der man fähig ist, die Wirklichkeit an sich zu erfahren. Sie zeichnet sich durch tiefsten Frieden aus, also durch völlige Abwesenheit von *dukkha*, denn der Geist ist nicht mehr in sich selbst zwischen Erfahrung und Ego gespalten. Genauso ist auch die Welt nicht mehr aufgespalten in das Selbst und seine Umgebung, in Gedanken und Denker, in Schwarz und Weiß. Das *samadhi* ist ein Zustand der Kontemplation, in dem es keine Zeit mehr gibt, die Welt nicht in Kategorien eingeteilt und der Geist vollkommen zur Ruhe gekommen ist. Um noch einmal in der Begrifflichkeit des Aristoteles zu sprechen: Im *samadhi* erreicht der Mensch endgültig sein *telos*.

In seiner ursprünglichen Form unterschied sich der Buddhismus von seiner hinduistischen Grundlage dadurch, daß er die Logik des Dualismus in drei wesentlichen Richtungen weiter vorantrieb. Zunächst einmal vertrat der Buddha die beiden eng verwandten Vorstellungen von *anatta* und *anicca*. Nach hinduistischer Vorstellung gibt es ein höheres Selbst, das *atman*. Siddharta nun lehrte, auch bei diesem höheren Selbst handle es sich wiederum nur um eine Abstraktion, die als solche ebenfalls der wahren Erleuchtung den Weg versperre. Die Vorstellung des *atman* laufe also auf den Begriff hinaus – den des (höheren) Selbst –, der genau wie der Begriff des Ich ein Aufhören des dualistischen Denkens verhindere. Solange man noch das *atman* als Objekt im Sinn habe, das man finden wolle, könne man auch die Illusion des *maya* nicht loswerden. Somit besagte Buddhas Lehre vom *anatta* (oder *anatman*), daß das *atman* seinerseits etwas Unwirkliches sei. Buddha lehrte, es sei unmöglich, sein wahres Selbst zu finden, denn ein solches Selbst (*atman*) gebe es gar nicht. Das wird gelegentlich auf den Spruch gebracht: *Atman* ist *anatman*, d. h., das wahre Selbst ist das Nicht-Selbst.

Der Begriff des Selbst, ob man ihn nun als Ich oder als Selbst bezeichnet, stellt sich damit als unglücklicher begrifflicher Irrtum heraus. Es kann gar kein Selbst im Sinn eines unwandelbaren Zentrums der Erfahrung geben, und zwar aus dem gleichen Grund, aus dem feste Gegenstände nicht gleichzeitig flüssig sein können. Die eigene Identität ist eine Illusion, das Selbst lediglich ein Kunstgebilde, zusammengesetzt aus dem Gesamt aller Dinge, die man im Bewußtsein hat. Alle diese Bewußtseinsinhalte sind natürlich unablässig im Fluß, so daß in Ermangelung jeglicher Identität in Form eines substantiellen Ich oder *atman* auch das „Selbst" als solches (im) Fluß ist. Daraus folgt, daß unser jeweiliges Selbst unbeständiger oder *anicca* (oder *anitya*) ist.

In einem zweiten wichtigen Punkt unterscheidet sich Siddharta von der Tradition der Veden: Er betonte viel stärker die zentrale Bedeutung der Erfahrung. Die Weisheit, so vertrat er, komme nicht aus den Schriften, von den Lehrern,

Gurus oder Yogis. Nein, echtes Verstehen könne sich nur aus dem ergeben, was man ganz persönlich erfasse. Weil all unsere grundlegenden Vorstellungen (Begriffe) sozial determiniert sind, ist es unmöglich, die wahre Natur der Wirklichkeit zu erfassen, solange man immer noch in dualistischen Strukturen denkt. Dabei kommt man nicht weiter, als bloß kritisch alles konventionelle Denken zu hinterfragen, was völlig im Rahmen des Traditionellen bleibt und keinen Durchbruch zu einer neuen Qualität ermöglicht.

Ernsthaft betrieben, wird eine solche Einstellung subversiv, insofern sie anscheinend einen vollständigen philosophischen Agnostizismus beinhaltet. Indem er die persönliche Erfahrung als unerläßlich für jedes echte Wissen bezeichnete, erklärte der Buddha jede Philosophie, genau wie jede herkömmliche Religion, zur inhaltslosen Spekulation. Noch allgemeiner: Mit dem Zweifel als oberstem Prinzip begründete er einen radikalen Skeptizismus, der keine Wahrheit gelten läßt, die nicht unmittelbar zugänglich ist. Folglich werden alle metaphysischen und theologischen Spekulationen Makulatur. Der Buddha erklärte alle derartigen Fragen für logisch und praktisch sinnlos. Damit nahm er die Argumente eines Bertrand Russell und anderer logischer Positivisten um mehr als zweitausend Jahre vorweg. Von Fragen über das Weiterleben nach dem Tod, die Existenz von Göttern oder die Seelenwanderung meinte er, man könne sie nicht beantworten, ja man brauche das auch gar nicht, weil es sich dabei um keine sinnvollen Fragestellungen handle.

Angesichts dieser Tatsache versteht es sich von allein, daß der Buddha auch in einer dritten Hinsicht von der Lehre der *Upanishaden* abwich: Er verwarf jede buchstäbliche Auslegung des Hindu-Glaubens an den Kreislauf von Wiedergeborenwerden und Sterben (*samsara*). Die Frage danach, was nach unserem Tod mit uns geschieht, ist ja offensichtlich unserer persönlichen Erfahrung nicht zugänglich, und folglich ist jede Aussage über das Schicksal (oder auch nur die Existenz) der Seele überflüssig und töricht. Der Buddha hatte die Gewohnheit, die Diskussion über Fragen und Begriffe in dieser Richtung rundweg abzulehnen. Er wollte seine Aufmerksamkeit strikt auf den Bereich der Erfahrung beschränken und folgerte implizit, die Vorstellung der Reinkarnation aufgrund des Prinzips des *karma* solle man aufgeben. Er hielt nichts vom endlosen Drama der Seelen, die von einem Leben zum anderen wandern, je nach dem Grad und der Ausrichtung ihrer Verstrickung ins Irdische. Erfahrbar war ihm dagegen das Wiedergeborenwerden von Augenblick zu Augenblick infolge der sich ständig verändernden Inhalte seines Bewußtseins. So bin ich also in einem unablässigen Prozeß der Reinkarnation, bis ich aus diesem Kreislauf befreit werde, indem ich mein Ich transzendiere. Das ist das *nirvana.*

In den Jahrhunderten nach Buddha entwickelte sich eine breite Vielfalt buddhistischer Sekten. Das Zen hat seinen Ursprung in einer Richtung, die relativ spät entstanden ist, im sogenannten *Mahayana.* Die Geschichte dieser Bewegung läßt sich nicht mehr genau nachvollziehen; jedenfalls scheint sie sich im 1. Jahrhundert v. Chr. endgültig ausgeprägt zu haben. Es handelte sich nicht um eine doktrinäre Revolution gegen die vorherrschende, stark mönchisch geprägte Tradition, sondern sie entwickelte sich nach und nach aus dem Versuch, auf die vielen Fragen, auf die der Buddha nicht eingegangen war, eine Antwort zu finden.

Die buddhistische Theorie besagt, es gebe eine Vielzahl von Methoden oder „Fahrzeugen" (*yana*), um das *nirvana* zu erreichen. *Mahayana* heißt „das größere (*maha*) Fahrzeug", im Unterschied zu der anderen großen Lehrmeinung, die die Anhänger des *Mahayana* verächtlich als das „kleine (*hina*) Fahrzeug" bezeichnen. Als das „größere" Fahrzeug wird es deshalb betrachtet, weil es als einziges eine Prozedur für die Rettung ausnahmslos aller Lebewesen mittels des Ideals des *bodhisattva* vorsieht. Mit einem *bodhisattva* ist ein Mensch gemeint, der die volle Erleuchtung erlangt hat und folglich ins *nirvana* eintreten könnte, sich aber statt dessen entschließt, in der Welt zu bleiben, um den anderen Lebewesen auf ihrem Weg dorthin zu helfen. Der *bodhisattva* ist also ein Buddha, der seine Erlösung vom *samsara* aufschiebt, um anderen Geschöpfen beizustehen, ebenfalls die Buddhaschaft zu erlangen. Von da her wird das Bemühen, nur für sich selbst die Erleuchtung zu finden, als selbstsüchtig betrachtet, weil es nichts dazu beiträgt, das Leiden anderer zu erleichtern. Folglich ist das *Mahayana* „groß", weil nur das *Mahayana* im großen Maßstab das Ziel des Buddha verfolgt, die Welt des *dukkha* völlig zu überwinden.

Der Begriff des *bodhisattva* bringt eine gelegentlich ungute Betonung der Idee des Martyrertums ins Spiel, stellt jedoch einen Fortschritt in der Logik des Buddhismus dar. Wenn es keine Person (kein Ego) gibt, dann kann auch keine Person dem *samsara* entrinnen. Folglich ist es für den einzelnen Menschen ziemlich sinnlos, den Versuch dazu zu unternehmen. Gemäß der Lehre vom *wu-wei* stellt der Versuch, das *nirvana* zu erreichen, nur einen falschen Eingriff mehr in die Natur dar. Das Streben nach Erlösung aus dem *samsara* gebiert nur größere Anhänglichkeit an die Welt, weil es die Illusion nährt, es gebe eine Person, die diese Erlösung sucht. Indem man sich um das *nirvana* bemüht, schiebt man es folglich nur immer weiter weg, weil man mehr *karma* hervorbringt. So wird deutlich, daß die Suche nach dem *nirvana* selbst *samsara* ist.

Vom Begriff des *nirvana* her ist das völlig einleuchtend. Wenn der Zustand, den wir *nirvana* nennen, wirklich jener Bewußtseinszustand ist, der sich einstellt, wenn der Geist seine Anhänglichkeit an die Welt ganz aufgibt, erscheint es töricht, zu glauben, man könne das *nirvana* erlangen, indem man sich an das Leben hängt. Anders gesagt, *nirvana* ist jener Geisteszustand, bei dem der Geist den Versuch ganz aufgegeben hat, die Welt unter Kontrolle zu haben oder zu begreifen. Es ist eine Verfassung, in der der bewußte Geist alles Wollen aufgegeben hat, d. h. alle Versuche, in den Strom der Erfahrung einzugreifen. Wenn man versucht, dem *samsara* zu entkommen, ist das ein solcher Eingriff, und folglich ist jede Maßnahme, die auf das *nirvana* abzielt, der Definition nach *samsara*. Mit allen Versuchen, dem *samsara* zu entkommen, verstrickt man sich nur um so mehr darin.

Daraus folgt weiter, daß der eigene natürliche, unkontrollierte Strom von Erfahrungen selbst *nirvana* ist. Man bewegt sich vom *nirvana* weg, wenn man versucht, aus diesem Strom der Erfahrung auszuscheren, um irgendeine neue Erfahrung zu machen, von der man meint, sie sei besser und vollkommener. Weil das *nirvana* das Fehlen jeglichen Wollens darstellt, kann man es nicht finden, indem man es will, denn es ist ein innerer Widerspruch, das Nichtwollen zu wollen. Demnach läßt sich das *nirvana* nur erreichen, indem man alle Versuche aufgibt, es zu erreichen. Das führt unausweichlich zur Einsicht, daß *samsara* das *nirvana* ist.

Von da her gesehen wird deutlich, daß (zumindest vordergründig) im Tao selbst ein innerer Widerspruch steckt. Wenn, wie es heißt, „alles das Tao ist", dann ist gewiß auch die Unfähigkeit, diese Tatsache zu sehen, Tao. Wenn ich folglich das Tao nicht erfasse, lebe ich trotzdem bereits im Tao, so daß ich, wenn ich nicht „im Tao bin", in Wirklichkeit „im Tao bin". Genauso sind alle konventionellen Kunstgebilde ihrerseits natürlich, weil sie das Ergebnis unserer natürlichen Fähigkeit zum Vernunftdenken sind. Wenn ich folglich der Konvention folge, handle ich in Wirklichkeit auch in Übereinstimmung mit dem *te*.

So ist es völlig unnötig, ja kontraproduktiv, den Versuch zu unternehmen, ein Buddha zu werden, weil man nämlich bereits ein Buddha ist. In der Sprache des Tao: Man braucht sich nicht an das Tao zu halten, weil man ohnehin keine andere Wahl hat. Es besteht keine Notwendigkeit, Befreiung zu suchen, weil man bereits frei ist. Die Erleuchtung oder Befreiung läßt sich folglich nicht durch bewußtes Bemühen erlangen, weil man sie ja schon hat. Die Befreiung gipfelt folglich nicht im Ausstieg aus dem *samsara*, sondern in der Einsicht, daß man nie darin war.

In diesem Licht besehen ist die Welt der Konventionen nicht etwas, das man verschmähen oder worauf man verzichten müßte, und folglich tut der *bodhisattva* das auch nicht. Ja, genaugenommen trifft der *bodhisattva* gar nicht die Wahl, auf die Erlösung im *nirvana* zu verzichten, denn es gibt ja weder ein *nirvana*, in das hinein man befreit werden könnte, noch eine Person, die diese Wahl trifft. In Wirklichkeit geht dem *bodhisattva* auf, daß es Unsinn, ja Torheit ist, sich ein *nirvana* vorzustellen, das es außerhalb dessen gäbe, was wir gemeinhin unter dem Alltagsleben verstehen. In der Lehre des *Mahayana* schließt man daraus, daß diese Einsicht das Mitleiden fördert, und folglich fühlt sich der *bodhisattva* bewegt, lebhaft am Leiden der Menschen Anteil zu nehmen. Allerdings ist ein solcher Schluß genaugenommen unnötig, denn wenn man zu dieser Einsicht gelangt ist, nimmt man ganz spontan am Schicksal anderer Menschen Anteil und zwar gerade durch Nicht-Handeln oder *wu-wei*.

Abgesehen vom Ideal des *bodhisattva* bleibt die Frage, wie man es fertigbringt, mit seinem Wollen und Wünschen aufzuhören. Anders gesagt: Wie kann man einen Weg in Richtung Befreiung einschlagen, ohne die Befreiung zu wollen? Eine Art Antwort darauf hat Nagarjuna (im 3. Jahrhundert n. Chr.), der führende Theoretiker der Schule des *Mahayana*, zu geben versucht, und zwar mit seiner sogenannten Lehre von der Leere (*sunyata*). Ähnlich dem Taoisten vertritt Nagarjuna die Ansicht, „alles sei leer" in dem Sinn, daß unsere mentalen Konstrukte bezüglich der Welt jeglicher Substanz entbehren. Ja, er stellt alle dualistischen

Unterscheidungen in Frage und damit auch alle unsere Vorstellungen über das Leben und die Wirklichkeit.

Im Hinblick auf *sunyata* unternimmt man es deshalb, allem und jedem, oder genauer: allen Abstraktionen und Argumenten, die davon abgeleitet werden, das Wirklichsein abzusprechen. Man glaubt, daß alle Gegenstände, Ideen, Orte, Ereignisse – also alles, was sich in Hauptwörter, Verben, Adjektive und Adverbien fassen läßt – Truggebilde des Geistes sind. Man muß alle Vorstellungen von Frieden oder Glück, *maya* und *Brahman*, *dukkha* und *moksha*, *nirvana* und *samsara* als Unsinn fahren lassen. Alle Theorien, alle Vorstellungen müssen als Anzeichen einer Geisteskrankheit diagnostiziert werden. Indem man alles negiert, macht man deutlich, daß alles nutzlos und absurd ist. *Sunyata* besagt also, daß die Wirklichkeit leer ist, oder genauer: daß alle Versuche des Menschen, die Wirklichkeit in Kategorien einzuteilen, zu erklären oder auf irgendeine andere Weise in den Griff zu bekommen, der Definition nach nichtig sind. Indem man alle Ideen negiert, stellt man ihren Wert radikal in Frage und reduziert den Geist auf die Klarheit jenes Spiegels, von dem Tschuang-tse gesprochen hat.

Wiederholen wir es noch einmal: Das dualistische Koordinatensystem, das wir über alles Gegenständliche und unsere Erfahrungen stülpen, ist ein leeres Phantasiegebilde, das seiner Natur nach hoffnungslos unwirklich ist. Alle unsere Worte und Begriffe, einschließlich unserer eigenen Sehnsüchte und Gedanken, sind Täuschungen. Folglich gibt es nichts, nach dem man greifen oder das man verfolgen müßte. Oder, um auf das Problem zurückzukommen, um das es uns gerade geht: man kann kein *nirvana* suchen, weil es kein *nirvana* gibt, das sich suchen ließe. Ist einem das einmal aufgegangen, so wird einem schmerzlich offenbar, daß man einem hohlen Gespenst nachgelaufen ist, als man mit aller Kraft versucht hat, zum Buddha zu werden. Es gibt kein Selbst, das man loswerden müßte, es gibt keinen Buddha, der man werden könnte. Alle Anstrengungen sind vertane Liebesmühe, weil man letztlich nichts finden kann, da es nichts gibt.

Obwohl das eindeutig zum Schluß führt, daß es keine Wahrheiten oder Dinge gibt, die irgendwelchen Wert hätten, ist *sunyata* nicht eine Art des Nihilismus. Der Zweck der Negation ist kein Selbstzweck, sondern nur ein Mittel, um zur Erkenntnis vorzustoßen, daß die wahre Wirklichkeit jenseits aller dualistischen Beschreibungen liegt. Um die Wirklichkeit direkt sehen zu können, um sie ohne den Wust der üblichen Abstraktionen erfahren zu können, ist es unbedingt notwendig, alle Abstraktionen hinter sich zu lassen. Nach aller Negation bleibt also nicht etwa nichts übrig, sondern die Negation legt die Wirklichkeit blank. Suzuki sagte einmal, wenn man frage, was denn vom Leben übrig bleibe, wenn man ausnahmslos alles verneine, laute die Antwort: eine Ohrfeige.[28] Das bedeutet: Die Erfahrung, geohrfeigt zu werden, ist wirklich – sie bleibt. Verneint werde der Gedanke, geohrfeigt zu werden, die Wertung und Einordnung der Ohrfeige, der Versuch, diese Erfahrung zu einer kühlen, leblosen Theorie zu verdünnen. Die Negation des Dualismus läuft also in Wirklichkeit auf eine Bekräftigung der Erfahrung hinaus.

Sunyata zielt folglich nicht darauf ab, den Geist ganz leer zu lassen, wie Kritiker des Zen gemeint haben, sondern darauf, ihm die Fülle der Erfahrung erst richtig zu erschließen. Die Verneinung reinigt oder poliert den Spiegel und zerbricht ihn nicht etwa oder übermalt ihn schwarz. Indem der Buddhismus ausnahmslos alles verneint, verneint er nicht die Welt, sondern nur unsere Vorstellungen von der Welt. Ebensowenig ist der Buddhismus (wie manchmal behauptet wird) ein „Anti-Leben", weil er anti-dualistisch ist. Im Ge-

---

[28] D. T. Suzuki, *An Introduciton to Zen Buddhism*, Grove Press, New York 1964.

genteil: Ihm geht es um das wirkliche Leben, und deshalb wendet er sich dagegen, sich in Gedanken über das Leben zu verlieren, statt wirklich zu leben. So gesehen, geht es dem *sunyata* um eine Bejahung des Lebens. Aus dem Umstand, daß das Leben an sich im Mittelpunkt steht und bejaht wird, ergibt sich erst die Ablehnung aller Abstraktionen, die unsere Fähigkeit, es wirklich zu leben, beeinträchtigen.

Wenn wir das Leben aller Abstraktionen entkleiden, sind wir in der Leere des Nichts. Trotzdem löst sich die Welt dann nicht in nichts auf; die Materie existiert weiterhin und unser Geist funktioniert weiterhin. Was aufgehört hat, ist, daß wir der Welt eine bestimmte Form und Struktur auferlegen, und folglich wird unsere Erfahrung nicht mehr in lauter dualistische Kategorien zerstückelt. Bäume, Planeten, Licht, Farben, Bücher und alle anderen begrifflichen Kategorien erweisen sich als sinnentleert. Indem wir all das abtun, erfahren wir im Prozeß der Negation, was die Welt nicht ist, und übrig bleibt, was wirklich ist. Wir geben das Universum der mentalen Konstrukte unseres Geistes auf, sehen die Welt nicht länger durch die Linsen der Abstraktion, sondern erfahren alles, wie es wirklich ist. Die (oben erwähnte) Literatur verwendet dafür gelegentlich eine Wortschöpfung aus dem Sanskrit, *tathata;* das bedeutet „Dassein" oder „Sosein", und es soll damit zum Ausdruck gebracht werden, daß man dann die Welt als „das" sieht, was sie ist, „so", wie sie ist. Ganz strenggenommen ist dieser Ausdruck logisch sinnlos, aber er will zu fassen versuchen, daß es nicht um etwas Abstraktes, sondern um das Konkrete geht, nicht um Ideen über Erfahrung, sondern um die Erfahrung selbst. Es geht um die „Ursubstanz" der Wirklichkeit, noch ehe sie geteilt, kategorisiert oder sonst irgendwie vom Geist auf dualistische Weise „verarbeitet" ist.

Das Zen ist in den ersten Jahrhunderten n. Chr. als eigenständige Bewegung oder Sekte im Schoß der Tradition des „*Mahayana*" entstanden, als sich der Buddhismus in China ausbreitete und dort mit taoistischem Gedankengut vermischte, etwa mit der Betonung von Einfachheit, Natürlichkeit und Spontaneität und der absoluten Friedfertigkeit des *wu-wei*. Um der Kürze willen und um unseren Faden nicht zu verlieren, wollen wir diesen Vorgang nicht näher beschreiben, sondern uns gleich den ersten Äußerungen des Zen zuwenden.[29]

Als erste bekannte Persönlichkeit, die man als Zen-Autor bezeichnen könnte, gilt Tao-sheng (360–434), der die Ansicht vertrat, die Erleuchtung könne man nur spontan erlangen. An manchen Stellen legten zwar schon die buddhistischen Schriften beiläufig eine solche Auffassung nahe, aber trotzdem schienen sie zu sagen, das *nirvana* lasse sich nur im Laufe eines langen Prozesses erreichen. Je mehr der einzelne es fertigbringe, das Leben loszulassen, desto mehr löse er sich auch langsam aus dem Griff des *karma*. Tao-sheng jedoch bemerkte ganz richtig, daß, wenn man das *nirvana* nicht erlangen könne, indem man es suche, man es gewiß auch nicht nach und nach erlangen könne. Wenn man sich vorstelle, man nähere sich dem Erwachen (*bodhi*) auf die Weise, wie man eine Treppe spiritueller Vollkommenheit immer höher steigt, schließe das den Gedanken ein, das Erwachen sei etwas vor uns Liegendes, dem man sich schrittweise annähern könne, was immer noch eine dualistische Vorstellung sei. Mit dieser Kritik äußerte Tao-sheng zum ersten Mal eindeutig die Ansicht, in Wirklichkeit sei die Erleuchtung etwas, das jäh und unerwartet geschehe. Diese Auffassung wurde für das Zen ganz wesent-

---

[29] Eine allgemeinverständliche Darstellung dieser Entwicklung und eine umfassende Geschichte des frühen Zen bietet Heinrich Dumoulins Grundlagenwerk *Geschichte des Zen-Buddhismus*, Bd. 1: Indien und China, A. Francke, Tübingen 1984.

lich, und manche Gelehrte halten aus diesem Grund Tao-sheng für den Begründer des Zen.[30]

Als erster regelrechter „Patriarch des Zen" gilt in der Tradition der Mönch Bodhidharma, der kurz nach 450 n. Chr. nach China gekommen sein soll. Es ist unklar, ob es sich bei ihm um eine historische Gestalt handelt; japanische Autoren neigen allerdings zu dieser Auffassung. Jedenfalls wird er in der Geschichte des Zen allgemein als die zweit-wichtigste Persönlichkeit nach dem Buddha selbst betrach-tet. Ihm wird ein berühmter Vierzeiler zugeschrieben (der aber eindeutig aus späterer Zeit stammt), in dem prägnant zusammengefaßt ist, was Zen ist:

> Eine besondere Überlieferung außerhalb der Schriften,
> Nicht gegründet auf Worte und Buchstaben;
> Sie zielt direkt auf den Geist,
> Sie läßt in die Natur blicken und so die Buddhaschaft er-
> langen.

Die erste Zeile wird auf zwei unterschiedliche Weisen in-terpretiert, die sich nicht unbedingt gegenseitig ausschlie-ßen. Die herkömmlichere Deutung besagt, mit der „beson-deren Überlieferung" sei gemeint, das Zen verdankten wir einer direkten „Überlieferung" des Buddha an seinen Schü-ler Mahakasyapa (oder manchmal auch Kasyapa). Diese Vorstellung gilt als die offiziell gültige, ist aber ziemlich si-cher falsch. Demnach hätte der Buddha persönlich diese Lehre dem Mahakasyapa anvertraut, womit die Zen-Schule vom Meister selbst autorisiert wäre. Bodhidharma soll dann der 28. in der Reihe dieser Überlieferung gewesen sein. Diese Geschichte von eindeutig unhistorisch-legendärem Charakter hat lange dazu gedient, den merkwürdigen An-spruch des Zen, die einzig wahre Ausprägung des Buddhis-mus zu sein, zu begründen.

---

[30] Eine kurze Darstellung findet sich bei Dumoulin, a. a. O., Kapitel 5.

Die zweite, genauso gültige Auslegung konzentriert sich auf die Formulierung „außerhalb der Schriften", was gelegentlich auch übersetzt wird mit „außerhalb der Tradition", und sie sagt, das bedeute, die Weitergabe der Erleuchtung sei unabhängig von der buddhistischen Tradition und allen damit verbundenen Methoden (bzw. reiche weit über diese hinaus).

Diese letztere Deutung entspricht dann der zweiten Zeile, mit der gesagt wird, das Zen lasse sich nicht in den Worten oder Klügeleien der Philosophie und des systematischen Denkens finden. Nein, wie schon Tao-sheng sagt, die Erleuchtung muß spontan erfolgen. Die Worte als dualistische Kunstgebilde des Geistes sind ungenügend, um ins *nirvana* zu führen. Die dritte Zeile meint deshalb, statt dessen bestehe der richtige Weg darin, „direkt zu zielen". Das Zen stützt sich also nicht auf irgendwelche Worte oder Symbole. Es bringt keine Lehre oder Philosophie hervor, um sich selbst zu erklären, sondern es handelt direkt. Seine Unterrichtsmethode besteht darin, direkt auf die Welt des *tathata* zu zielen, statt ein Netz aus Worten zu weben. Dadurch reißt sie den Schleier von der Wirklichkeit weg und legt diese offen dar, wie die vierte Zeile sagt.

Die Betonung des „direkten Zielens" führte zur Ausprägung einer Form rätselhaften Lehrens anhand des Erzählens von Gleichnissen (*mondo*). Im Grunde besteht die gesamte klassische Zen-Literatur aus solchen Anekdoten, von denen die meisten darauf abzielen, direkt und sozusagen schockartig, und nicht nur symbolisch ausmalend, eine tiefere Verständnisebene aufzureißen. Alan Watts hat das so erläutert:

„Das *mondo* kann man nicht ‚erklären', denn sonst bringt man es um seine Wirkung. In gewisser Hinsicht ist es wie ein Witz, der den erwünschten Lacheffekt nicht erzielt, wenn man seinen ‚springenden Punkt' erst noch ausführlich erklären muß. Entweder begreift man die Pointe sofort oder gar nicht."

Überall, wo von Bodhidharma die Rede ist, begegnet man unvermeidlich auch zwei solchen Anekdoten. Die erste steht als *koan* in der Sammlung mit dem Titel *Mumonkan* und handelt von einem Mönch, der wiederholt den Bodhidharma um Unterweisung bat. Widerstrebend gab Bodhidharma schließlich nach und fragte, was Hui-k'o nun eigentlich von ihm wolle.

„‚Der Geist deines Schülers ist noch nicht im Frieden. Ich bitte dich, mein Lehrer, verschaff ihm Frieden.‘ Bodhidharma entgegnete: ‚Bring mir deinen Geist her, und ich will ihn in Frieden versetzen.‘ Hui-k'o erwiderte: ‚Ich habe nach meinem Geist gesucht, aber ich kann ihn nicht finden.‘ Darauf sagte Bodhidharma: ‚Somit habe ich ihn für dich in tiefen Frieden versetzt.‘"

Wie die meisten *koans* endet auch dieser damit, daß der Mönch Hui-k'o auf die Antwort des Lehrers hin jäh erleuchtet wurde.

Im zweiten *mondo*, einem *koan* aus dem *Hekiganroku*, der die *Sunyata*-Lehre recht anschaulich illustriert, kommt es zu keiner solchen Erleuchtung. Bodhidharma unterhält sich mit dem Kaiser Wu, und dieser fragt ihn, welches Verdienst (bzw. welchen spirituellen Fortschritt) er sich damit erworben habe, zahlreiche Tempel gebaut, die Übersetzung von Sutren veranlaßt und auch sonst in jeder Hinsicht den Buddhismus gefördert zu haben. Bodhidharma gab zur Antwort: „Überhaupt kein Verdienst." Vor den Kopf gestoßen, fragte der Kaiser: „Worin besteht denn dann der erste Grundsatz der heiligen Wahrheit?" Und Bodhidharma erwiderte: „Hohle Leere, nichts Heiliges." Zornig entfuhr es dem Kaiser: „Wer ist der, welcher mir so unter die Augen tritt?" Und Bodhidharma sagte: „Ich weiß es nicht."

Das „direkte Zielen" betrifft auch die Meditation. Der Weg „zum Geist" (d. h. zum *satori*) geht nicht durch Symbole und Worte, sondern durch die Erfahrung der Wirklichkeit, die sich einstellt, wenn der Geist seine Anhänglichkeit an die Welt aufgibt. Die Meditation, so wird gesagt, sei der Schlüssel, um diese Anhänglichkeit abzulegen. Aus diesem Grund wird das Zen oft als die *dhyana-* (oder meditative) Schule des *Mahayana*-Buddhismus bezeichnet.[31] Von welch zentraler Bedeutung die Meditation ist, zeigt anschaulich eine weitere Legende über Bodhidharma, die wissen will, er habe reglos ununterbrochen neun Jahre lang in der Sitzmeditation (*zazen*) verharrt und immer auf den gleichen Punkt an der Wand gestarrt, bis seine Beine zu Staub zerfallen seien. Das war seine Methode, die Befreiung zu erlangen: endlos an die Wand starren, bis sich die Erlösung einstellte. Daß die Übung der Meditation von zentraler Bedeutung ist, wird in den Lehren aller Nachfolger des Bodhidharma hervorgehoben. Tao-hsin, sein dritter Nachfolger und also der „vierte Patriarch", erinnerte seine Jünger unablässig daran, daß „das Sitzen in der Meditation grundlegend für alles andere ist". Das wurde mehr als alles andere zum Erbe des Bodhidharma.

Der letzte große Schritt zur Ausprägung des Zen erfolgte unter Hui-neng (638–713), dem sechsten Patriarchen. Auch er ist eine vielverehrte Gestalt, und er wird weithin als derjenige betrachtet, dem wir das Zen in seiner heute geläufigen Form verdanken. Der Kernpunkt seiner Lehre wird anhand einer Begebenheit aus seiner Schülerzeit unter Hung-jan, dem fünften Patriarchen geschildert. Hung-jan wollte einen Nachfolger bestimmen und veranstaltete einen Wettbewerb, um den Fähigsten herauszufinden. Es ging darum, ein Gedicht zu verfassen, das präzise die Grundidee des Zen beschrieb. Ein älterer Mönch, der als aussichtsreichster Kandidat galt, trug den Vierzeiler vor:

---

[31] Das steckt schon in der Etymologie des Wortes zen, das sich vom chinesischen ch'an herleitet, was seinerseits eine Umschreibung des Sanskrit-Wortes *dhyana* ist, welches „Meditation" bedeutet.

Der Körper ist der Bodhi-Baum;
Die Seele ist der klare Spiegel.
Halt diesen Spiegel immer rein,
Kein Stäubchen darf auf ihm je sein.[32]

Das beschreibt gut die gängige Vorstellung von Meditation: es gehe darum, den Spiegel der Seele vom Staub ablenkender Gedanken rein zu halten.[33] Die Meditation wird dann als eine Konzentrationsübung vorgestellt – man starrt wie Bodhidharma auf die Wand –, bei der man alle Gedanken und Wünsche ausschaltet, um diese Reinheit des Geistes zu erlangen.

Hui-neng jedoch stellte diese Vorstellung mit einem alternativen Gedicht radikal in Frage:

Der Bodhi ist nicht wie der Baum;
Den klaren Spiegel gibt es nirgendwo.
Wenn es das alles gar nicht gibt,
Wohin setzt sich denn dann der Staub?

Hui-neng verwirft also den Vergleich des Geistes mit einem Spiegel, weil man sich den Geist nicht als Gegenstand der Aufmerksamkeit oder des Begreifens vorstellen darf. Würde man das tun, so würde man aus dem Geist wiederum eine abstrakte Idee machen. Mit seinen Zeilen will er also sagen: Wie es Spiegel nicht als wirklichen Gegenstand gibt (und auch die Staubkörner nicht), so gibt es auch keinen Geist als Gegenstand.

Gibt es aber keinen Geist als begriffliche Kategorie, so folgt daraus, daß man ihn auch nicht „kontrollieren" kann, denn etwas, das es gar nicht wirklich gibt, entzieht sich jeder Kontrolle. Wie also will man denn seinen Geist rein

---

[32] Wong Mou-Lam, *The Sutra of Wei Lang (Hui-neng)*, Luzac, London 1944.
[33] Im wesentlichen herrscht diese Vorstellung weiterhin bei den meisten heutigen Schülern der hinduistischen, (nicht-zen-) buddhistischen und taoistischen Meditation vor.

halten können, wenn man ihn doch durch Willenskraft und Anstrengung gar nicht unter Kontrolle halten kann? Man könnte auch sagen: Gerade das Bemühen, den Geist ganz zu reinigen, ist ein Unternehmen, durch das man ihn beschmutzt. So ist also die Vorstellung, seinen Geist zu reinigen, widersprüchlich und völlig vergeblich. Da es um die Haltung des *wu-wei* geht, ist man eindeutig nicht unverkrampft spontan, wenn man sich künstlich anstrengt, seinen Geist blitzblank wie einen Spiegel zu halten. Oder wie Shen-hui treffend gesagt hat: „Wenn das Mühen um den Geist darin besteht, dem Geist Zügel anzulegen – wie kann man das Befreiung nennen?"

Die Ablehnung der Vorstellung, der Geist sei etwas, das man reinigen oder sonstwie bewußt kontrollieren müsse, bestätigt wiederum, daß das Ziel etwas ganz Natürliches ist. Zu meditieren bedeutet nicht, sein Menschsein aufzugeben, indem man seinen Geist zu nichts reduziert. Statt dessen bedeutet es, alle Dinge sie selbst sein zu lassen und sie nicht ins Schema unserer konventionellen Vorstellungen zu pressen. Die Gedanken soll man wie den Geist selbst „kommen und gehen lassen" in dem Sinn, daß man sich weder an sie hängt noch sie unterdrückt. Verhält man sich anders, so greift man ein und verstößt gegen das *wu-wei*. Von da her vergleicht Hui-neng den Geist nicht mit der Leere, sondern mit dem Raum. Die Leere ist einfach leer, während der Raum eine Arena ist, in der alles stattfindet. Die Vorstellung vom Geist als Raum bedeutet, daß darin Gedanken und Wahrnehmungen kommen und gehen wie die Planeten, die im Weltall kreisen.

Hui-neng wird die berühmte Formulierung zugeschrieben: „Wahrer Geist ist Nicht-Geist." Sie will besagen, daß der ursprüngliche oder natürliche Geist – genaugenommen die Buddha-Natur – weder eine Abstraktion noch ein Gegenstand des Bewußtseins ist. Wenn er den Geist als „Nicht-Geist" bezeichnet, will er zum Ausdruck bringen, daß der Geist sich mit keiner Idee über den Geist deckt und man ihn folglich nicht suchen oder sonstwie erreichen kann. Die Nachfolger des Hui-neng haben diese Vorstellung weitergesponnen und folgerichtig gesagt, die Zen-Übung sei strenggenommen keine Übung, denn wenn man eine bestimmte Übung mache, impliziere das immer, daß man damit irgend etwas Bestimmtes erreichen wolle. Im selben Sinn bestätigten sie die Überzeugung aus der *Mahayana*-Tradition, daß man nicht zum Buddha werden könne, wenn man darauf abziele oder das bewußt wolle, weil gerade der Akt des Abzielens und Wollens dem im Wege stehe. Gibt man also dieses Vorhaben auf, so führt das ziemlich genau zu jenem Idealzustand, um den es den Taoisten ging: zu einer unaffektierten Natürlichkeit, in der alle Selbstbezogenheit aufgegeben ist.

Genau in diesem Sinn definierte später Po-chang (720 bis 814) das Zen als die Anweisung: „Wenn du hungrig bist, iß; wenn du müde bist, schlafe." Und ähnlich wies Lin-chi (Japaner, Rinzai-Richtung, 9. Jhdt.) seine Schüler an: „Seid ganz gewöhnlich. Tut nichts Besonderes. Entleert euren Darm, wascht die Hände, zieht eure Kleider an, eßt etwas. Wenn ihr müde seid, geht und legt euch hin." Der springende Punkt ist also, daß das Zen mit seinem „direkten Zielen" nicht irgendeinen radikalen Ausstieg aus dem Alltagsleben empfiehlt. Die Spiritualität ist nichts dem Alltagsleben Fremdes noch etwas, das sich abseits davon finden ließe. Das Absolute, der Grund des Daseins, das Ziel des spirituellen Weges läßt sich in den scheinbar weltlichsten, uninteressantesten, ja trivialsten Dingen finden: im Sich-Anziehen, Essen und Händewaschen.

Bis zum Ende des 1. Jahrtausends n. Chr. hatte die Tradition des Zen als eine Variante des Buddhismus ihre klar umrissene Ausprägung gefunden. Sie betonte das jähe Erleuchtetwerden (*satori*) im Gegensatz zum stufenweisen Sich-Annähern an die Erleuchtung. Sie stellte sich in Gegensatz zu der traditionelleren indischen (und in gewisser Hinsicht taoistischen) Vorstellung, bei der Meditation gehe es darum, den Geist von allen Gedanken zu reinigen. Sie stellte radikal in Frage, daß irgendeine dualistische Distinktion etwas Wirkliches wiedergebe; selbst das Unterscheiden zwischen *nirvana* und *samsara* oder zwischen Buddhaschaft und Alltagsbewußtsein sei inhaltslos. Sie betonte, wir sollten durch Nicht-Tun (*wu-wei*) die Natürlichkeit und Spontaneität pflegen, und sie vertrat die Ansicht, das Erwachen (*bodhi*) lasse sich nicht finden, sondern man müsse seiner gewahr werden.

Wie wir gesehen haben, gab es die meisten dieser Vorstellungen (oder sogar alle) auch schon – ausdrücklich oder der Sache nach – im Taoismus und im *Mahayana*-Buddhismus vor der Entwicklung des Zen. Man könnte etwas verkürzt oder vielleicht auch unfair sagen, das Zen habe sich als zunehmend konsequenterer Versuch entwickelt, diese Vorstellungen nicht nur zu bündeln, sondern auch kompromißlos ernst zu nehmen. Aus diesem Grund könnte man das Zen als ein konzentriertes Destillat der östlichen Philosophie bezeichnen, denn es hat die Essenz aus in der östlichen Welt allgemein verbreiteten Ideen in konzentrierter Form aufbereitet.

In Japan gibt es heute zwei große Zen-Traditionen, Rinzai und Soto. Beide gehen in ihren Ursprüngen bis auf Huinengs unmittelbare Schüler zurück; beide waren bis ungefähr 1200 in ein klares System gebracht und nach Japan importiert. Das Zen des Hui-neng und seiner Nachfolger während der T'ang-Periode (die gegen 900 zu Ende ging) war ausschließlich auf die Erlangung des *satori* als persönliche Erfahrung konzentriert. Da es nur darum ging, war weder Raum noch Bedarf für eine weitergehende Theorie oder Lehre. Die „Krise des Zen" während der darauffolgenden Sung-Periode hatte ihren Grund im Schwinden der Energie der „alten Meister" der T'ang-Dynastie genau zu der Zeit, wo die Zen-Schule eine nie dagewesene Zahl von Anhängern anzog. Das Entstehen ausgeprägter Schulen mit einem entschieden doktrinären Zugang zur Vertiefung ins Zen war also eine bewußte Reaktion auf den gleichzeitigen Verfall der spirituellen Dynamik und die ungemein stark anwachsende Beliebtheit des Zen.

In der Rinzai- wie in der Soto-Tradition besteht der Kern der Methode im Sitzen zur Meditation (*zazen*), ein Thema, das wir einigermaßen ausführlich im folgenden Kapitel besprechen werden. Für den Augenblick genügt es, festzuhalten, daß es sich beim *zazen* schlicht darum handelt, dazusitzen, die Augen geöffnet zu halten und sie auf einen Punkt an der Wand vor sich zu richten. Dabei beobachtet man dann ausnahmslos alles, was sich abspielt, einschließlich der eigenen Gedanken, ohne jede Wertung. Es mag einem zunächst recht unnatürlich vorkommen, endlose Stunden lang reglos auf einem Fleck zu sitzen, aber diese Übung entspricht vollkommen der „Theorie" des Zen, der zufolge die Wirklichkeit direkt erfahren werden soll. Der zum Zen gehörende Bewußtseinszustand ist von der Art, daß man alle dualistischen Unterscheidungen fallenläßt, so daß der Geist es aufgibt, sich an irgendeine Erfahrung zu hängen. Eindeutig geht das am besten, wenn man absolut ruhig ist und nichts anderes tut, als genau auf das zu achten, was vorgeht. Um ein Klischee zu gebrauchen: Beim *zazen* handelt es sich um den Versuch, „im Jetzt zu leben" und zugleich die Person, die in diesem Jetzt lebt, ganz wegzulassen.

Folglich sitzt man nur deshalb, um zu sitzen; das Sitzen hat keinen anderen Zweck. Würde man das *zazen* üben und dabei irgendeinen bestimmten Grund im Hinterkopf haben, wie etwa die Absicht, ein Buddha zu werden, hieße das, den springenden Punkt völlig zu verfehlen. Wenn man nicht versucht, die Welt mit seinen vorgefaßten begrifflichen Kategorien zu fassen; wenn man nicht versucht, seine Erfahrung zu erfahren; wenn man nicht mehr von der Illusion getrieben wird, man sei ein Ich, das irgend etwas tun müsse, bleibt schlicht und einfach absolut nichts mehr zu tun. Mit anderen Worten, die Mönche sitzen, weil sie ihre anderen Pflichten erfüllt haben und jetzt keinen Grund mehr sehen, irgend etwas anderes zu tun. Das ist das Wesen des *wu-wei.*

Eine weitere Methode, die Verwendung eines *koan,* ist ebenfalls sowohl beim Soto wie beim Rinzai üblich; allerdings legt man in der Rinzai-Tradition weniger Wert darauf und glaubt nicht so sehr an seine Wirkung wie in der Soto-Tradition.

Das Wort *koan* heißt wörtlich übersetzt „öffentliche Urkunde", wird aber oft mit „Problem" oder „Rätselspruch" übersetzt. Letzteres trifft besser seinen tatsächlichen sprachlichen Gebrauch und seine Funktion. Tatsächlich handelt es sich beim *koan* nämlich um irgendeine Geschichte oder Anekdote, oft in der Form eines Dialogs zwischen Meister und Schüler oder einer Frage und der darauf folgenden Antwort. Jeder *koan* birgt irgendeine Einsicht in das Wesen des Zen, die der Schüler erfassen soll.

Der *koan* wird oft in Verbindung mit dem *zazen* „studiert", so daß beide Übungen miteinander verschmelzen. Dabei geht es genau um dasselbe wie auch bei der bloßen *zazen*-Übung: den Schüler ins *satori* zu führen. Die Meditation als solche stellt wohl eine natürlichere Ausdrucksform des Zen dar, denn das *zazen* ist an sich eine eindeutige Form des Zen. Dabei sind Methode und Ziel des Zen ein und dasselbe. Der *koan* ist im Vergleich dazu etwas eher Künstliches, und daher scheint er in denselben Fehler bezüglich des *satori* zu führen, den der Buddha beim *atman* gesehen hat: Wenn man sich mit einem *koan* beschäftigt, um dadurch zum *satori* zu gelangen, macht man aus dem *satori* wieder ein zu erreichendes Objekt, was es eben gerade nicht ist.

Die Methode, mit einem *koan* zu arbeiten, wird gelegentlich auch deshalb energisch abgelehnt, weil sie die Einführung ins Zen allzusehr zu einer Art Katechismus- oder Konfirmandenunterricht werden läßt. Es gibt dabei unterschiedliche Stufen, die man zu erreichen hat. Der Neuling muß eine um die andere erklimmen, indem er befriedigende Antworten auf verschiedene *koans* mit unterschiedlichen Schwierigkeitsgraden gibt. Wer den gesamten, sehr lang andauernden Kurs durchlaufen hat, verdient sich den Titel *roshi* (oder Meister), womit die Vollmacht verbunden ist, wiederum andere im Zen zu unterweisen. Das läuft also weitgehend so, wie sich einer bei anderen Lehrern das Lehrerdiplom erwirbt und dann seinerseits Schüler unterrichten darf. Die Schwierigkeit bei diesem Zugang ist, daß er von den völlig abwegigen Vorstellungen ausgeht, a) es gebe eine ganze Anzahl Stufen des *satori*, b) jemand könne genau klassifizieren, welche Stufe einer jeweils erreicht habe, und c) man könne sich in die endgültige Erleuchtung Schritt um Schritt einüben, so wie man die Kunst der Mathematik oder des Reitens erlernen kann.

Trotz dieser Bedenken erfreut sich die Methode, mit einem *koan* zu üben, lebhaften Zuspruchs. Oft wird sie mit dem Argument verteidigt, selbst wenn sie ein künstliches Element ins Zen bringe, habe sie sich doch (in ihrer Verbindung mit dem *zazen*) als bemerkenswert nützlich dafür erwiesen, den einzelnen das Verständnis zu eröffnen. Angesichts der Tatsache, daß diese Behauptung am lautesten von einer bestimmten Klasse von Zen-Experten vertreten wird – nämlich den *roshis* –, die ein offenkundiges persönliches Interesse daran haben, daß die vorherrschende Praxis in dieser Form weitergeht, ist sie mit der sprichwörtlichen Prise Salz zu genießen.

Nach allem Gesagten bleibt es trotzdem schwierig, der Ansicht zu widersprechen, der *koan* sei, genau wie andere künstliche Hilfsmittel – etwa Antibiotika oder Aspirin –, jedenfalls äußerst hilfreich. Genausowenig wie eine Entscheidung für das Zen die Folge haben muß, daß man an

Lungenentzündung stirbt, weil man sich weigert, Penicillin einzunehmen, muß man alle unnatürlichen Übungen wie den *koan* einzig aus dem Grund links liegenlassen, weil sie unnatürlich sind. Wie alle Produkte des menschlichen Scharfsinns ist auch der *koan* so lange ein legitimes Instrument, wie man deutlich sieht, daß er eben ein Hilfsmittel ist und nicht mehr.

Der *koan* ist dazu da, um mit ihm so lange gegen die Wände der Logik und des herkömmlichen Denkens zu klopfen, bis sie umfallen. Der Grundgedanke dabei ist, den Schüler mit einer völlig unbegreiflichen Geschichte oder Frage zu konfrontieren. Aus der Sicht unseres gewöhnlichen Bewußtseins ist ein *koan* nicht mehr als hirnloser Schwachsinn. Genau diese Absurdität aber soll den Geist sprengen und die Welt des dualistischen Denkens von Grund auf aus den Angeln heben. Man könnte auch sagen, der *koan* spielt die Rolle eines Vernehmungsrichters, der den Zeugen einem gnadenlosen Kreuzverhör unterwirft. Indem er ihn mit immer neuen, immer anderen Fragen in die Enge treibt, ja peinigt, deckt er schließlich so viele Widersprüche in der Vorstellung und Darlegung des Zeugen auf, daß dieser schließlich nicht mehr aus noch ein weiß und sein Gebäude in sich zusammenbricht. Mittels der Verwendung eines *koan* treibt der *roshi* den Schüler in einen ähnlichen Kollaps seiner ganzen bisherigen Denkungsart. Heinrich Dumoulin hat das so erklärt:

„Das Wesen des *koan* besteht darin, rational unlösbar zu sein und folglich auf etwas arationales zu verweisen. Der *koan* zwingt uns, unsere rationalen Denkstrukturen aufzugeben und unseren gewohnten Bewußtseinszustand zu überschreiten; er drängt uns also in neue und unbekannte Dimensionen."[34]

In seinem oft zitierten Vorwort zu Suzukis maßgeblicher

---

[34] Dumoulin, *Geschichte des Zen-Buddhismus*.

Einführung in das Zen hat C. G. Jung diese Wirkung mit Hilfe der Freudschen Aufteilung unseres Geistes in das Bewußte und das Unbewußte erklärt.[35] Er meint, daß es sich beim *satori* um eine Freilegung des Unbewußten handelt, wodurch es mit dem Bewußten zu einer Einheit verschmelzen kann. Der *koan* bringt diese Vermählung zustande, indem er die Psyche in einem solchen Maß strapaziert, daß sie sozusagen aufbricht und die gewöhnlich unvereinbaren Schichten des Selbst ineinanderfließen. Indem so der Geist eins wird, fallen das Ego und andere dualistische Distinktionen weg, und übrig bleibt der „natürliche" Geist.

Besser als mit jeder Theorie läßt sich die Eigenart des Übens mit dem *koan* jedoch mit einem Beispiel erklären. Ein bekanntes Problem, das allen Anfängern vorgelegt wird, ja der bekannteste aller *koans,* ist das sogenannte „Joshus *Mu*". Dabei soll der Schüler erklären, warum der Mönch Joshu (chinesisch Chao-Chao) die Frage: „Hat ein Hund die Buddha-Natur?" mit Nein (*mu*) beantwortet habe. Dazu muß man wissen, daß alle Schulen des *Mahayana* als selbstverständlich voraussetzen, daß alle Lebewesen die Buddhanatur haben. Folglich ist ein „Nein" auf diese Frage etwa so, als behaupte man, zwei plus zwei sei fünf.

Andere *koans* wollen eine Antwort auf die traditionelle Frage, welche Bedeutung die Ankunft Bodhidharmas aus dem Osten (d. h. von Indien) habe, was der Frage entspricht: „Worin besteht das Grundprinzip des Buddhismus?" Eine typische Antwort darauf wird ebenfalls dem Joshu zugeschrieben: „Der Zypressenbaum im Garten." Auf die ähnliche Frage: „Was ist der Buddha?" gab Tung-shan die Antwort: „Drei Pfund Flachs."

So sinnlos diese Antworten klingen mögen, es lassen sich vernünftige Erklärungen dafür finden. Bei der ersten könnte man sagen, Joshu habe die Selbstsicherheit seiner Schüler

---

[35] in: Suzuki, *An Introduction of Zen Buddhism.*

ins Wanken bringen wollen, indem er etwas völlig Unpassendes sagte. Indem er eine lehrmäßige Auskunft verweigerte, wollte Joshu vor Augen führen, daß das Bauen auf irgendein herkömmliches Denksystem, und seien es selbst die Anschauungen des *Mahayana*, töricht sei. Im zweiten Fall, bei den verwirrenden Antworten über den Zypressenbaum und den Flachs, scheint es sich um Versuche zu handeln, die Aufmerksamkeit des Geistes vom nichtigen Theoretisieren über den Buddhismus abzulenken und statt dessen auf die konkrete Welt des Wirklichen zu verweisen, um die es dem Buddha mit seiner Lehre eigentlich geht.

Diese Deutungen mögen einigermaßen plausibel sein und sind in gewisser Hinsicht auch korrekt, aber damit haben wir genau die Art von Vernünftelei angestellt, die der *roshi* bannen möchte. Wenn der Schüler das Gleichnis nur im begrenzten Rahmen des begrifflichen Denkens rational versteht, ist der eigentliche Sinn der Übung völlig verfehlt. Wenn man erkennt, daß Joshu versucht, die Aufmerksamkeit vom spekulativen Denken weg und zum Dasein an sich hinzulenken, bleibt man mit dieser Art Erkennen immer noch ganz im Rahmen des spekulativen Denkens. Man fühlt sich dann zwar etwas gescheiter, weil man den Sinn der scheinbar sinnlosen Aussage über die „drei Pfund Flachs" erkannt hat, doch den springenden Punkt hat man nicht erfaßt bzw. man ist nicht von ihm erfaßt worden. Der einzige Nutzen mag dann darin bestehen, daß dem übereifrigen Schüler aufgeht, wie sehr er immer wieder auch bei solchen Beispielen in die Falle des begrifflichen Denkens tappt.

Das wird recht deutlich in einem *mondo* vor Augen geführt, der von Fa-yen und seinem Schüler Hsuan-tzu handelt. Fa-yen fragte seinen Schüler, weshalb er ihm keine Fragen stelle, und der gab zur Antwort, er sei bereits von seinem vorigen Lehrer zur Genüge unterwiesen worden. Als Hsuan-tzu das genauer erklären sollte, sagte er, auf die

Standardfrage „Was ist der Buddha?" habe sein Meister geantwortet: „Ping-ting kommt, um Feuer zu holen." Fa-yen räumte ein, daß dies in der Tat eine sehr gute Antwort sei, bohrte aber weiter, der Schüler solle sie genauer' erklären. Hsuan-tzu erläuterte, Ping-ting sei der Gott des Feuers, und folglich suche er, wenn er komme, um Feuer zu holen, etwas, das er bereits habe. Genauso, fuhr er fort, brauche man den Buddha nicht zu suchen, da man ja schon der Buddha sei. Fa-yen lachte und sagte: „Habe ich mir's doch gedacht. Du hast nichts begriffen."

Immer wenn man so wie Hsuan-tzu meint, man habe die Antwort auf irgendein Problem gefunden, ist der *roshi* nicht zufrieden. Das geht ständig so weiter, oft Monate und Jahre lang, bis dem Schüler aufgeht, daß es gar keine symbolische oder allegorische Antwort gibt und hinter dem Nonsens tatsächlich überhaupt keine Wahrheit steckt. Ist ihm das endgültig und voll aufgegangen, dann sieht er auch klar, daß die herkömmliche Art, Fragen zu lösen, nämlich indem man eine der üblichen Fragen stellt und dann eine der üblichen (wenn auch irrationalen) Antworten darauf gibt, zu nichts führt. Das bedeutet, daß es sich bei dem Bemühen, die Welt in ein System von Abstraktionen zu fassen, um den unweigerlich unmöglichen Versuch des Geistes handelt, den Prozeß des Erfahrens zu erfahren. Der *koan* ist dann gelöst, wenn der Geist von seinen Lösungsversuchen derart erschöpft ist, daß er kapituliert. Der Kampf besteht also darin, daß die Vernunft so lange mit dem Kopf gegen die Wand des *koan* rennt, bis sie einsieht, daß sie nichtig ist und es weder einen Kopf noch eine Wand gibt.

Wenn einem also einleuchtet, daß es sich beim *koan* um eine leere Falle der Logik handelt, die man nur erfaßt, indem man ihr Leersein erfährt, wirft man einen verstohlenen Blick in den „Sinn" des *koan*. Dadurch geht einem auf, daß man den *koan* nur so begreifen kann, wie man sein Hören oder Atmen begreift. Man kann zwar grundsätzlich und abstrakt den Vorgang des Hörens oder Atmens erklären, aber den Vorgang, wie man nun tatsächlich hört oder atmet, kann man so gut wie nicht erklären, denn das ist nicht etwas, was man *tut*, sondern man *ist* Hören und Atmen. Beim Versuch, über die Erfahrung hinaus die Person zu erkennen, die diese Erfahrung hat (also das Ego), steigt man schon wieder aus der Erfahrung und Wirklichkeit in die Abstraktion davon aus. Genauso ist es beim *koan*.

Aus diesem Grund hat man vorgeschlagen, unser eigenes Selbst als *koan* zu betrachten und zu studieren. Das soll heißen: Genaugenommen ist unser Selbst-als-Ego nur eine unter vielen logischen Fallen, die so lange enormes Leiden verursachen, wie man sie nicht als das erkennt, was sie in Wirklichkeit sind: nämlich Illusion. Wie das Unbehagen am unlösbaren *koan* verschwindet, wenn man ihn durchschaut hat, so verschwindet auch das Unbehagen am Leben, wenn man durchschaut hat, daß es sich bei dem, was wir als Ego bezeichnen, nur um einen begrifflichen Irrtum handelt. Ein *koan* zeigt auf unser wahres Selbst, d. h. auf die Buddha-Natur, weil er keinen symbolischen oder begrifflichen Sinn hat. Der *koan* zeigt auf absolut nichts anderes: er *ist* einfach. Genauso steht das wahre Selbst für nichts anderes: es *ist* einfach. Der *koan* ist „leer" in dem Sinn, daß er nichts enthält, was man in abstrakten Begriffen ausdrücken oder begreifen könnte. Genauso ist es die Buddha-Natur. Vor allem anderen ist das die fundamentale „Schlußfolgerung" des Zen: Dein Leben stellt nichts anderes dar, steht für nichts anderes als für sich selbst. Wie wir im vorigen Kapitel gesehen haben, hat dein Leben keinen „Sinn", der sich in Worte oder Ideen fassen ließe. Darin gleichen sich also *koan* und Selbst ganz offensichtlich: daß beide keinen irgendwie faßbaren oder aussagbaren Sinn haben. Sie sind schlechthin.

In diesem Licht besehen hat die Einführung des *koan* in die Zen-Praxis einiges für sich. Wenn man das Üben mit dem *koan* (im Rahmen des *zazen*) als das Führen eines

Rammbocks betrachtet, mit dem es die engen Mauern des konventionellen Denkens zu erschüttern und einzureißen gilt, wird es zu einem wertvollen Mittel auf dem Weg zur Erleuchtung. Unglücklicherweise jedoch wird dabei oft das Mittel mit dem Ziel verwechselt, so daß das Üben mit dem *koan* zum Synonym für das Studium des Zen oder sogar für das Zen selbst wird.

Nirgends tritt diese enge Sicht klarer zutage als in der selbstgefälligen Überheblichkeit der „Fundamentalisten" des Rinzai, die sämtliche Versuche, das Zen außerhalb der japanischen Tradition zu erklären oder zu üben, in Bausch und Bogen als verfälschende Häresien verwerfen. An ihrem Beispiel wird deutlich, wie wichtig es ist, der Versuchung energisch zu widerstehen, das Zen zu systematisieren und auf das Maß einer rigoros orthodoxen Lehre zu reduzieren. Die alten Meister erinnern ständig daran, daß man nicht dadurch ein Buddha wird, daß man meditiert, *koans* löst oder sich an irgendeine andere Methode hält. Eine besondere, kulturell bedingte Version des Zen zum ausschließlichen Maßstab und Ideal für alle zu erklären, bedeutet, wieder einer Vorliebe seines eigenen Ego zu verfallen. Und genau das will doch das Zen in allen seinen Spielarten beheben.

6. KAPITEL

Meditation und Praxis im Zen

Wie sollte das Sitzen und Meditieren zum Buddha machen?　　　　　　　　　　　　　　　　　*Haui-jan*

Wie sollte man durchs Einüben ins samadhi zum samadhi gelangen?　　　　　　　　　　　　　　　*Shen-hui*

Spricht man vom Zen, so stellt man es sich gewöhnlich als eine auf dhyana, auf Meditation spezialisierte Spielart des Buddhismus vor. In Wirklichkeit ist die Meditation bei praktisch allen Ausprägungen der buddhistischen Tradition von zentraler Bedeutung. Um deutlicher zu sehen, was nun die Meditationspraxis des Zen von derjenigen anderer Schulen unterscheidet, wollen wir noch einmal auf die Geschichte zurückkommen, wie der Nachfolger des vierten Patriarchen Hui-jang ausgewählt wurde. Jeder der Kandidaten hatte in einem Gedicht ausdrücken sollen, worum es in der Meditation geht. Der Gegenkandidat des Siegers Hui-neng hatte in seinem Gedicht den Geist als etwas beschrieben, das wie ein Spiegel „rein" gehalten werden muß, indem man alle Gedanken (den „Staub") fernhält, die sich auf ihm ablagern könnten. Mit diesem Bild vom Spiegel wollte er sagen, die Meditation werde als Mittel verwendet, um alle Gedanken und Wünsche auszumerzen. Meditieren hieße demnach, seine Aufmerksamkeit auf irgendeinen fixen Punkt zu konzentrieren und alle „Zerstreuungen" auszuschalten, die die Umgebung und der eigene Geist hervorbringen. So gesehen würde es sich bei der Meditation um einen Prozeß des Zur-Ruhe-Bringens des Geistes handeln, bei dem man alles Erkennen und Wahrnehmen zum Erliegen bringt.

Hui-neng stellte diese Sicht mit seinem Gedicht in Frage. Er verneinte vollständig die dualistischen Unterscheidungen, die sie impliziert[36]:

> Der Bodhi ist nicht wie der Baum;
> Den klaren Spiegel gibt es nirgendwo.
> Wenn es das alles gar nicht gibt,
> Wohin setzt sich denn dann der Staub?

Diese Klarstellung mit allen ihren Konsequenzen ist für die Zen-Meditation wesentlich. Im Zen geht es nicht darum, den Geist mittels der Meditation zu kontrollieren oder zu einer leeren Bewußtheit umzuformen, die bar aller Anreize ist. Nein, die wirkliche Erfahrung von „Nicht-Geist" ist ein Bewußtseinszustand, bei dem man sich nicht dessen bewußt ist, einen Geist zu haben. Die Aufgabe besteht nicht darin, sich zu konzentrieren, um den Geist auszufegen oder zu reinigen, denn schon dieser Akt des Versuchs, den Geist zu „läutern", bedeutet, ihn zu „verschmutzen".

Man kann nicht mit seinem Geist auf seinen Geist einwirken; das heißt, man kann nicht bewußt wollen, das bewußte Wollen aufzugeben. Der wahre Geist ist „Nicht-Geist", unkontrolliert und kontrolliert zugleich, nicht kanalisiert und doch kanalisiert, vollkommen des Jetzt gewahr, gar nicht seiner selbst gewahr. Anders gesagt, der Geist ist wie das Selbst eine begriffliche Abstraktion, so daß jeder Versuch, sich auf den Geist zu konzentrieren, um ihn loszuwerden, nur bedeutet, weiter in dieser Illusion befangen zu bleiben. Statt daß wir uns um irgend etwas bemühen, überlassen wir uns dem *wu-wei*, um ausnahmslos alles, was

---

[36] Dieses und die folgenden Zitate von Hui-neng sind entnommen aus: Wong Mou-Lam, *The Sutra of Wei-Lang (Hui-neng)*, Luzac, London 1944.

wir erfahren, unmittelbar zu erfahren, ohne uns auf Abstraktionen zu stützen. Oder, wie Hui-neng sagt:

> Gedanken kommen und gehen von allein, wenn Weisheit alle Schranken niederlegt.

Oder anders formuliert:

> Sich auf den Geist konzentrieren und auf ihn achten, bis er ganz still wird, heißt immer noch krank sein und *dhyana* verfehlen.

Und noch einmal:

> Wenn du es so anfängst, daß du dich auf deinen Geist konzentrierst, um ihn still werden zu lassen, produzierst du nur ein unechtes Stillsein … Was bedeutet das Wort „Meditation"? In dieser Schule bedeutet es: keine Schranken, keine Hindernisse; das liegt jenseits aller objektiven Zustände, mögen sie gut oder schlecht sein. Das Wort „Sitzen" bedeutet, nicht Gedanken im Geist aufzurühren.

Natürlich kann man das erst mitvollziehen, wenn man selbst meditiert. Wenn man bei der Meditation sitzt, nehmen die Inhalte des Geistes den Charakter von Dingen an, die man als Beobachter wahrnimmt; man schaut sich also alle Gedanken und Gefühle vom Augenblick ihres Auftretens an aus einem gewissen Abstand an. Schließlich und paradoxerweise geht einem allmählich auf, daß der Geist vermutlich nicht sich selbst beobachten kann und zwar deshalb, weil es losgelöst von der Erfahrung keinen Geist gibt, keinen Beobachtungspunkt außerhalb, von dem aus man das Selbst anschauen könnte. Anders gesagt, wir lernen uns selbst aus dem *maya* herauszulösen, indem wir das Schweigen („Nicht-Geist") im Kern des Lärms (des Geistes) erfahren. Das innerliche Geplapper des Geistes, seine ungezügelte Neigung, mit sich selbst zu plaudern, legt sich nach und nach, und zwar weil mehr und mehr deutlich wird, daß niemand da ist, mit dem sich plaudern ließe.

Dieses Schweigen darf man nicht mit dem Abschalten verwechseln. Den Geist von diesem Geplauder befreien heißt nicht, stumpf oder geistesabwesend sein, im Gegenteil: es heißt, ungetrübt den gegenwärtigen Augenblick erfahren, und damit die Wirklichkeit. Auf diese Weise werden viele Lebensvollzüge zur Meditation. Worauf es ankommt ist, daß man, ohne von dem Geplapper seines Geistes abgelenkt zu sein, voll und ganz mit seinem Lachen, seinem Gehen oder auch seinem Essen eins ist. In ihrem weitesten Sinn kann die Meditation jegliche Tätigkeit umfassen, vom Kaffeetrinken bis zum Geschirrspülen.

Erinnern wir uns in diesem Zusammenhang an die letzten Stufen des Achtfachen Pfades des Buddha. Wenn sie zusammenwirken, führen sie zur Bewußtheit und ermöglichen es, diese Bewußtheit zu erfahren, ohne daß der sie Erfahrende dazwischentritt. Das Selbst wird dabei zur reinen Erfahrung oder Bewußtheit. Diese Stufen sind Zustandsweisen, die man in dem Maß erfährt, in dem man im Prozeß der vollen Bewußtwerdung voranschreitet. Bei der richtigen Achtsamkeit geht es um die „Gewärtigkeit" im jeweiligen Augenblick und die Spontaneität des Lebens, um die Erfahrung des Hier und Jetzt des Daseins. Wenn Sie Ihre Schuhe binden, dann seien Sie ganz in dieser Tätigkeit des Schuhebindens. Wenn Sie sich mit einem Freund unterhalten, seien Sie voll und ganz in diesem Gespräch. Die richtige Achtsamkeit ist also ein bewußtes Einswerden mit seiner jeweiligen Erfahrung. Es handelt sich dabei um einen Zustand, in dem die Aufmerksamkeit derart konzentriert ist, daß man nicht von Gedanken an Künftiges oder Vergangenes, Richtiges oder Falsches, Angenehmes oder Unangenehmes zerstreut wird. Das ist also ein natürliches Offensein, das der Erfahrung der Wirklichkeit – das ist *samadhi* – ungefiltert Zutritt läßt.

Im *samadhi* läßt man sich voll und ganz auf das Leben ein,

statt sich mit Gedanken über das Leben herumzuschlagen. Man konzentriert sich dabei nicht auf das Meditieren oder das Fernhalten von Gedanken. Man denkt auch nicht über die Erfahrung des gegenwärtigen Augenblicks oder über Kontemplation nach. Alle Formen der Selbst-Bewußtheit lösen sich auf; übrig bleibt, was *wirklich* ist. Auf diese Weise ist *samadhi* die logische Ausweitung des *satori*, denn das *samadhi* läßt jene Wahrheit zur anhaltenden Erfahrung werden, die einem im *satori* für einen kurzen Augenblick aufgeblitzt ist.

Natürlich meditiert man nicht, um das *samadhi* zu erlangen, denn gerade der ausdrückliche Akt des Suchens nach der Wirklichkeit macht es unmöglich, diese zu finden. Wenn für das *samadhi* die richtige Achtsamkeit notwendig ist, ergibt sich logischerweise, daß man nicht um irgendeines anderen Zweckes willen meditieren kann. Denn in diesem Fall wäre man auf ein künftiges Ziel hin ausgerichtet und könnte folglich nicht restlos auf das Hier und Jetzt achten. Setzt man sich zur Meditation aus dem Grund, weil man erleuchtet werden will, so ist notwendigerweise ein Teil des Geistes damit beschäftigt, auf dieses Ereignis zu warten. So ist das Meditieren auf ein bestimmtes Ziel hin unvermeidlich immer genau das Hindernis, welches das Erreichen dieses Ziels vereitelt.

Oder sagen wir es noch einmal etwas anders: Wenn man mit irgendeinem Ziel meditiert, heißt das, daß man die Erfahrung in ein künstliches Korsett steckt und in einer dualistischen Vorstellung von Erleuchtung befangen bleibt. Solange man noch vom Wunsch beseelt ist, durch die Meditation irgend etwas zu finden, bestärkt man implizit die Vorstellung, daß da jemand ist, der erleuchtet werden soll, und daß die Erleuchtung etwas anderes ist als das gewöhnliche Bewußtsein. Will man das überwinden, darf man nicht meditieren, um ein Buddha zu werden; man muß absichtslos einfach meditieren.

Von da her wird klar: Es geht nicht darum, zu meditieren,

um das *satori* zu erlangen oder mit Gott eins zu werden oder die äußere Welt hinter sich zu lassen. Nein, man beschaut schlicht und einfach das, was sich gerade in der Bewußtheit abspielt. Der Meditierende begibt sich nicht in sein „Selbst" hinein, um darin einiges zu verändern, damit sein Selbst sich besser auf die äußere Welt einstellen kann, denn die Grenze zwischen dem, der schaut und den Dingen, die geschaut werden – d. h. zwischen dem Äußeren und dem Inneren –, gibt es gar nicht; sie ist Illusion. Insofern das *satori* die Auflösung dieser Unterscheidung bedeutet, nimmt die Meditation diesen Zustand wahr, indem sie dem „Ich", dem „Ego", das immer wieder Grenzen zieht, den Boden unter den Füßen wegzieht. Das Paradoxe an der ganzen Geschichte ist folglich: Wenn man sich vorsätzlich anstrengt, diese Unterscheidungen auszurotten, nährt man gerade die Illusion, die sie aufrechterhält, und demnach bedeutet das bewußte Streben nach Erleuchtung, daß man gerade die Grenzen verstärkt, die man niederreißen möchte.

Das Zen kennt eine spezielle Meditationsform, *zazen* genannt; das bedeutet wörtlich übersetzt „Sitzmeditation". Worin sie im wesentlichen besteht, läßt sich leicht beschreiben. Man sitzt, traditionsgemäß in der Lotushaltung, mit geöffneten Augen und blickt geradeaus vor sich hin. Das ist im Grunde schon alles. Von Dogen stammt die Aufforderung: „Sitze einfach!"

Beim Üben von *zazen* geht es darum, sich all dessen bewußt zu werden, was sich abspielt. Man soll seine Bewußtheit in ihrer ganzen Fülle erfahren, ohne sie zu kommentieren oder zu werten, ohne jegliche Zustimmung oder Ablehnung. Die „Theorie" des *zazen* impliziert die Vorstellung, daß ein vollkommener Zustand der Bewußtheit einfach dadurch erlangt werden kann, daß man lange genug sitzt. So wird die Meditation nicht nur zur Methode, sondern gleichzeitig auch zum Ziel in sich, insofern es sich beim Zen lediglich und ausschließlich um eine Bewußtheit handelt, die sich von allen dualistischen Distinktionen gelöst hat. Indem wir sitzen, tilgen wir ganz allmählich die Muster des dualistischen Denkens, so daß uns schließlich einzig und allein das Zen übrigbleibt. Aus diesem Grund hat man schon oft gesagt (was allerdings etwas übertrieben ist), das Zen selbst sei überhaupt nichts anderes als die Übung des *zazen.*

Die Lehre des Zen mißt der richtigen Körperhaltung große Bedeutung zu. Wenn man wach und aufmerksam ist und den Schwerpunkt seines Körpers richtig gelagert hat, hilft das, gegen die Zerstreuung durch Schmerz oder Unbehagen vorzubeugen. Daher wird man angewiesen, aufrecht mit gerader Wirbelsäule zu sitzen, die Beine übereinandergekreuzt; denn diese Haltung scheint das Unbehagen auf ein Minimum zu reduzieren. Diese „Lotushaltung" hat absolut nichts Magisches an sich. Weder stellt sie irgendein religiöses Ritual dar, noch ist sie für das *zazen* absolut notwendig. Traditionellerweise übt man sie eben, weil sie besonders hilfreich zu sein scheint. Allerdings kann es vorkommen, daß sich auch noch bei dieser Sitzhaltung Schmerzen einstellen, aber diese werden weder um ihrer selbst willen gesucht noch energisch behoben; statt dessen nimmt man sie schlicht wahr und akzeptiert sie.

Man sollte also damit anfangen, eine traditionelle Lotus-Sitzhaltung einzunehmen. Man setzt sich aufrecht auf den Boden oder auf ein Sitzpolster und kreuzt die Beine so übereinander, daß jeder Fuß auf dem gegenüberliegenden Oberschenkel ruht. Ist diese Beinhaltung unmöglich oder extrem schmerzhaft, so kann man die „halbe" Lotus-Sitzhaltung einnehmen: ein abgewinkeltes Bein ruht auf dem Boden, der andere Fuß liegt auf dem gegenüberliegenden Oberschenkel. Die Arme hält man seitlich und achtet darauf, daß die Schultern entspannt sind, die Hände legt man in den Schoß, wobei man die Handflächen nach oben richtet und sie so aufeinanderlegt, daß sich die beiden Daumenspitzen berühren. Von zentraler Bedeutung ist die Wirbelsäule. Sie muß ganz gerade und aufrecht, dabei jedoch entspannt sein, und den Kopf hält man locker leicht nach vorn geneigt. Der Körperschwerpunkt sollte im Gesäß oder Unterleib liegen; das läßt den Körper fest auf dem Boden ruhen und mindert die Möglichkeit, daß sich in Rücken und Schultern Spannungen oder Schmerzen einstellen.

Anfangs möchte man unwillkürlich die Augen schließen, um Zerstreuungen zu vermeiden; aber diese Zerstreuungen sind der Stoff, aus dem die Wirklichkeit besteht. Das Ziel der Übung ist nicht, alle Sinneseindrücke auszuschließen, sondern sie bewußt zu erfahren. Es geht also nicht darum, seine Konzentration auf einen einzigen Punkt zu richten, sondern zu versuchen, jegliches Selbst-Bewußtsein aufzugeben, einschließlich des Vorsatzes, sich zu konzentrieren. Aus diesem Grund übt man das *zazen* gewöhnlich mit offenen Augen, wobei man seinen Blick auf einen festen Punkt ungefähr anderthalb bis zwei Meter vor sich an einer Wand richtet. Man schaut direkt nach vorn und nicht etwa auf den Boden, denn das trägt zu einer aufrechten Haltung bei, die ihrerseits wieder die Wachheit fördert und die Möglichkeit, daß man steif wird oder Rückenschmerzen bekommt, wesentlich mindert.

Zwar kann jedermann zu jeder Zeit *zazen* üben, aber oft wird es als gemeinschaftliche Übung ausgeführt. Das kann der Fall sein, wenn sich einige Bekannte regelmäßig zum Meditieren treffen oder sich eine Ortsgruppe von Freunden des Buddhismus organisiert. Die klassische Form gemeinsamen Übens dagegen nennt man ein *sesshin*. Zu einem *sesshin* ist man für längere Zeit zum gemeinsamen Üben des *zazen* beieinander, gewöhnlich unter der Anleitung eines *roshi* oder irgendwie qualifizierten Leiters. Es wird lediglich von einigen wesentlichen Alltagsverrichtungen unterbrochen, wie Mahlzeiten, kurzen Schlafperioden und (häufigen) Aussprachen mit dem Lehrer. Das *sesshin* spielt sich gewöhnlich im Rahmen des japanischen Klosters ab (siehe unten, Anhang I), aber im Westen bestehen seine Teilnehmer gewöhnlich aus einzelnen, die nicht vollberuflich Mönche sind. So hat das *sesshin* in vieler Hinsicht den Charakter einer religiösen Einkehrzeit, also von Exerzitien, für die man sich zeitweise aus seinen Alltagspflichten zurückzieht, um sich in Stillwerden und Kontemplation einzuüben. Das Ziel solcher Einkehrzeiten oder Exerzitien – mögen sie nun im Zen oder sonstwo stattfinden – besteht darin, denjenigen das kontemplative Leben zugänglich zu machen, die das nicht als ausdrücklichen Lebensstand wählen können oder wollen.

Das psychologische Haupterzeugnis eines *sesshin* ist die Langeweile. Ja, wollte man unbedingt sagen, um welches Ziel oder welchen „Zweck" es bei einem *sesshin* gehe, dann wäre es das: Langeweile zu erzeugen. Lange Zeiten des Sitzens ohne jegliche Bewegung und ohne irgendein Wort führen zu geisttötender Langeweile. Diese Wirkung wird noch verstärkt durch das Bemühen, die Umgebung, in der man meditiert, so kahl und uninteressant wie nur irgend möglich zu gestalten. Aus diesem Grund besteht gewöhnlich die Wand, auf die man starrt, aus einer flachen weißen Fläche bar jeder Kontur oder Farbe. Genauso werden Musik und jegliche andere eindeutig angenehmen akustischen Eindrücke ferngehalten.

Der Grund dafür, weshalb man die Langeweile sucht und eine Umgebung und Umstände herstellt, die möglichst viel davon produzieren, ist klar: Langeweile frustriert das Ego. Das Ego würde lieber am Ufer eines Sees meditieren, schöne Hintergrundmusik hören und eine angenehme Temperatur empfinden. Das Ego möchte sich gern zwischendurch immer wieder einmal bewegen, hinlegen, vom Boden aufstehen und ein wenig umhergehen. Natürlich ist der eigentliche Grund, weshalb das Ego die Langeweile fliehen möchte, der, daß es nicht meditieren möchte. Genau deshalb übt man *zazen*. Mit anderen Worten, das ichsüchtige Selbst möchte unterhalten werden, es möchte bestimmte Dinge erfahren. Dieser Wunsch nach solcher Art von Erfahrung entspringt seiner grenzenlosen Sucht, sich immer wieder als Subjekt bestimmter Erfahrungen zu erleben und zu bestätigen. Wenn wir uns nun weigern, dem Ego dies zu gönnen, dann zwingen wir uns, diese Einstellung aufzugeben.

Das *sesshin* hilft also, Bewußheit – oder „Wachheit", „Gegenwärtigkeit" – zu erzeugen, indem es das Ego maßlos frustriert. Das *sesshin* fördert die Auflösung des Ego, indem es ein ungeheures Maß an Frustration auf einen kurzen Zeitraum konzentriert. Wenn man *zazen* in diesem Rahmen übt, ergibt sich höchstwahrscheinlich mehr, als wenn man über lange Zeit kurze Übungen aneinanderreiht. Die konzentrierte Übung, mehrere Tage hintereinander viele Stunden zu sitzen, kann eher und rascher das erforderliche Maß an Frustration erzeugen, als das außerhalb des *sesshin* möglich ist.

Viele finden die Einfachheit des *zazen* befremdlich. So wie das Zen gerade deshalb so verwirrend ist, weil es so einfach ist, kann auch das *zazen* genau darum entmutigend wirken, weil es (anscheinend) so wenig von dem, der es übt, verlangt. Zwar wird sehr genau angegeben, welche Körperhaltung man annehmen soll, aber unklar bleibt, welche Aufgabe man sich nun eigentlich mit seinem Geist vornehmen soll. Die Anweisung „Sitze einfach" bietet so gut wie keine konkrete Anleitung. Aus diesem Grund mag es nützlich sein, eine Anzahl genauerer Meditationsübungen zu erörtern, die man entweder in Verbindung mit dem *zazen* oder als Vorspiel dazu anwenden kann (eine persönlichere Schilderung des Umgangs mit Meditationsmethoden folgt weiter unten in Anhang II).

Eine weitverbreitete Technik für Anfänger besteht im Zählen der Atemzüge.[37] Der Zweck dieser Übung ist, den

---

[37] Die Anfänger werden oft angewiesen, mit ihrem *zazen* das Zählen zu ver-

Geist in der Konzentration auf ein unpersönliches, unablässig wiederkehrendes Tun zu schulen. Wenn man sich auf das Zählen konzentriert, lenkt man das Selbst wirksam ab, so daß die ständigen ungezügelten Absonderungen des gespaltenen Geistes nachlassen. Allerdings ist es wesentlich schwieriger, als man denkt, auf diese Weise konzentriert zu zählen. Es stellt sich nämlich ziemlich bald die Langeweile ein, und in ihrem Gefolge drängen sich wieder interessantere Gedanken und Ideen auf. Der typische Anfänger kann nicht einmal bis zehn zählen, ohne daß es ihn bereits wieder aus der Bahn wirft, denn unverzüglich schweift sein Geist wieder zu anderen Dingen ab. Wenn das passiert, hilft nur eines: immer wieder von vorn anzufangen.

Wenn sich umherschweifende Gedanken in das Zählen eindrängen, sollte man sie anschauen, sich jedoch nicht auf sie einlassen. Es geht darum, sie neutral zu beobachten, bis sie sich von allein wieder verziehen, und dann weiterzuzählen. Diese Vorgehensweise gleicht sehr dem Tagträumen, so daß man vergißt, sich auf sein Zählen zu konzentrieren. Aber schließlich wird sogar der Tagtraum langweilig, und es fällt einem wieder ein, daß man ja eigentlich zählen wollte. Ist es so weit, dann greift man einfach das Zählen wieder auf. Auf diese Weise bringt man eindringende Gedanken zum Verschwinden: man vertreibt sie nicht gewaltsam aus dem Bewußtsein, sondern richtet zwanglos seine Konzentration wieder auf das Zählen.

Technisch geht das ganz einfach. Gewöhnlich zählt man jeden Takt der Einheit von Ein- und Ausatmen. Wer will, kann auch das Einatmen und dann das Ausatmen zählen. Manche finden letzteres weniger angenehm, weil man nach

---

binden; sie nehmen den Lotussitz ein und fangen mit der Atemübung an. Später kann das Zählen durch das Arbeiten mit einem *koan* ersetzt werden. Schließlich kann man dann zum *zazen* ohne irgendwelche „Krücke„ übergehen.

jedem vollen Atemzug ganz natürlich eine kleine Pause einlegt, was einen natürlichen Zählrhythmus ergibt und keinen Zweiertakt. Der Zweiertakt kann zerstreuend wirken; er kann aber auch zu größerer Konzentration verhelfen. Versuchen Sie beides und üben Sie dann mit dem Rhythmus, der Ihnen mehr liegt und Sie am wenigsten ablenkt.

Man kann zwar seine Atemzüge bis ins Endlose zählen, aber viele finden es leichter, lediglich bis zehn zu zählen und dann immer wieder von vorn anzufangen, also während der ganzen Übung ständig die Abfolge von eins bis zehn zu wiederholen. Wenn man bei niedrigen Zahlen bleibt, bleibt auch die Schwierigkeit der Aufgabe minimal, und folglich ist die Gefahr geringer, den Faden zu verlieren. Mit zunehmender Erfahrung läßt der Andrang der Gedanken nach, und ganz natürlich steht dann das Zählen der Atemzüge im Vordergrund. In dem Maß, in dem man die Tätigkeit des Zählens praktisch automatisiert, verliert man auch immer seltener den Faden.

Paul Wienpahl schlägt als Hilfe für diese Übung vor, sich beim Ausatmen vorzustellen, daß man dabei jeweils die betreffende Zahl in seinen Magen einsauge.[38] Wenn man also „eins" zählt, stellt man sich vor, daß diese Zahl jetzt in einem ist. Bei „zwei" kommt die Zwei dazu. Während dieses Vorgangs, bei dem man sich mit Zahlen „füllt", zieht man auch seine Gedanken in sich hinein, womit sie dann tatsächlich verschwinden. Schließlich kann man beobachten, daß auch alle anderen Gedanken und schließlich der eigene Geist selbst auf die gleiche Weise im eigenen Innern im Vergessenwerden verschwinden.

Im wesentlichen geht es bei diesem Vorgehen darum, die wahre Natur des Geistes freizulegen, indem der einzelne

---

[38] Paul Wienpahl, *The Matter of Zen*, New York University Press, New York 1984.

dazu gezwungen ist, seine eigenen geistigen Verrenkungen genau zu beobachten. Bei dieser Beobachtung sieht man, wie die Gedanken ganz von allein kommen und gehen, ohne daß das bewußte Selbst etwas dazutut. Die Gedanken tauchen auf und verschwinden wieder, während der Geist voll damit beschäftigt ist, die Atemzüge zu zählen. Auf diese Weise zeigt die Übung deutlich, wie das Ego ständig danach verlangt, beachtet zu werden, und gleichzeitig, daß diese Beachtung unnötig ist. Indem man lernt, dem Ego aus kühler Distanz zuzuschauen, geht einem auf, daß die Befreiung von ihm grundsätzlich möglich ist.

Das Atemzählen ist eine durch und durch unpersönliche Form der Meditation, bei der es darum geht, den Geist von seinem eigenen Bewußtseinsstrom abzulenken. Man kann auch so vorgehen, daß man sich voll und ganz auf diesen Strom einläßt, indem man sich auf seine inneren selbstproduzierten Denkprozesse konzentriert. Eine hervorragende und gleichzeitig die leichteste Methode dafür ist die sogenannte „Luftblasen-Meditation".[39] Bei dieser Übung stellt man sich seine Gedanken vor, als wären sie Blätter, die auf der Oberfläche eines Flusses schwimmen. Jedes dieser „Blätter" denkt man sich als eine „Luftblase", die aus dem eigenen Kopf aufsteigt wie die Sätze in den Sprechblasen der Comic-Figuren. Man schaut sich jede Blase kurz an, also ungefähr zehn Sekunden oder die Dauer zweier Atemzüge. Ist diese Zeit verstrichen, geht man zum nächsten Gedanken in der Kette über. Bleibt derselbe Gedanke hartnäckig da, so daß er durch keinen neuen ersetzt wird, läßt man ihn eben einfach stehen. Man läßt sich zwanglos auf das ein, was der Geist bietet.

Allerdings sollte man diese Gedanken nicht analysieren oder weiterverfolgen, sondern lediglich anschauen, als

---

[39] Zur genaueren Erörterung vgl. Lawrence LeShans Buch mit dem treffenden Titel *How to Meditate*, Bantam, New York 1977.

handle es sich um die Gedanken eines anderen. Um noch einmal den Vergleich mit den Comics zu gebrauchen: Stellen Sie sich vor, sie wandern mit den Augen über eine Serie von Comics. Sie lesen eine Sprechblase um die andere und blättern immer weiter, so daß Ihre Aufmerksamkeit von einer Sprechblase zur nächsten wandert. Oder um auf den Vergleich mit den schwimmenden Blättern zurückzukommen: Sie halten ihren Blick ständig auf einen Fixpunkt gerichtet und beobachten dabei alles, was unter Ihrem Blick daherschwimmt und weitertreibt, ohne ihm nachzusehen.

Bei diesem „Luftblasen"-Betrachten klebt man sozusagen auf jeden daherkommenden Gedanken ein Etikett und legt ihn ab. Nehmen wir an, Ihnen kommen Gedanken über den morgigen Tag, so geben Sie ihm die Bezeichnung „morgiger Tag" und legen ihn unter dieser Bezeichnung ab. Auf diese Weise wird es möglich, seinen Gedanken gegenüber emotional frei zu werden; man identifiziert sie nicht mehr mit dem Selbst, sondern behandelt sie als neutrale Objekte seines Bewußtseins. Genauso wie man materielle Gegenstände etikettieren und einsortieren kann, kann man auch lernen, automatisch seine Gedanken zu registrieren und abzulegen. Dabei objektiviert man seine eigenen Gedanken; sie werden eindeutig zu etwas, das außerhalb von einem selbst existiert. Man tut gleichsam nicht mehr, als die Informationen, die ins Bewußtsein gelangen, zu sortieren, so daß diese Informationen das einzige sind, dessen man sich bewußt ist; sie sind nicht mehr Teil der Person, die sich ihrer bewußt ist.[40]

Strenggenommen ist diese „Luftblasen-Meditation" keine Zen-Übung, weil man bei ihr die Denkprozesse in Augenschein nimmt, die man auszumerzen versucht. Aber genau darum geht es bei dieser Methode: Sie stellt den er-

---

[40] Über das „Etikettieren" als Methode ausführlicher: Charlotte Joko Beck, *Zen im Alltag*, übers. v. Bettine Braun, Droemer Knaur, München 1990.

sten Schritt dar, um sich von der Vorstellung zu lösen, wir
seien eine Person, die Gedanken „hat", damit uns aufgeht,
daß es nur diese Erfahrungen gibt und niemanden, der losgelöst davon existiert. Die „Luftblasen-Meditation" ist
kein Ersatz für das *zazen,* aber sie macht deutlich, wie willkürlich es ist, zwischen Denker und Gedachtem einen Unterschied zu machen, und folglich stellt sie eine nützliche
Übung dar.

Eine dritte Form der Meditation beruht auf dem ständig
wiederholten Singen oder Rezitieren irgendeines Wortes
oder Satzes. In vielen Systemen, etwa dem Tantrismus, dem
Yoga, der Transzendentalen Meditation (TM) und einigen
Schulen der christlichen Mystik wird dem ständig wiederholten Wort (oder Mantra) eine besondere Wirkkraft zuge-
sprochen, die man gelegentlich erfahren kann. Beispielsweise heißt es, das ständige Wiederholen eines Satzes (etwa
„Christ ist erstanden") führe schließlich zur Erfahrung dieser Wahrheit. Oder in der Sufi-Tradition singt man unablässig „Allah hu", während in der TM und in verschiedenen
indischen Sekten die Mantras aus geläufigen Sanskrit-Wör-
tern oder Buchstaben oder Namen von Göttern oder anderen gütigen Wesen der Hindu-Welt bestehen. In jedem Fall
geht es im wesentlichen darum, seine Achtsamkeit auf
einen einzigen Punkt zu konzentrieren. Wenn man das im
Lauf der Zeit mit einigem Erfolg zustande bringt, eröffnen
sich subtilere Ebenen des dem jeweiligen Mantra innewoh-
nenden Sinns.[41]

---

[41] Die bei weitem bekannteste Meditationspraxis in den USA ist die Tran-
szendentale Meditation. Sie verwendet das Mantra, um die Alltagserfahrung
zu überschreiten und zum Einswerden mit dem Strom des kosmischen Bewußtseins zu gelangen. Der Übende, der dieses Einswerden erlangt, soll in
den Genuß höchst positiver Auswirkungen kommen: er überschreitet alles
Wünschen und materielle Begehren, läßt alle Gefühle der Minderwertigkeit
oder Befangenheit hinter sich, erreicht einen Zustand beglückender Wachheit. So gesehen ist TM eine Methode oder Technik der „Selbstverwirkli-
chung", im Grunde also ebenfalls wie Jogging oder Aerobic ein Mittel, opti-

Im Zen werden die Mönche oft angewiesen, eine der Sutren zu singen, während sie bereits im Lotussitz sind, aber noch nicht formell mit dem *zazen* angefangen haben. Eine der bekanntesten ist die „Zehn-Punkte-Sutra", eine Lobpreisung des Bodhisvatta (oder Bosatsu) Kwanzeon:[42]

> (Anbetung dem) Kwanzeon
> Anbetung dem Buddha!
> Dem Buddha sind wir verbunden
> durch Ursache und Wirkung.
> Wer sich an Buddha hält,
> an seine Dharma und die Sangha,
> dem (ist *Nirvana* erreichbar,) das Ewige,
> ewig-gesegnet, bar aller Befleckung.
> Jeden Morgen richtet sich unser Denken auf Kwanzeon
> Jeden Abend richtet sich unser Denken auf Kwanzeon
> Jeder Gedanke entspringt dem Geist
> Jeder Gedanke ist ungetrennt vom Geist.

Gewöhnlich werden solche Verrichtungen mehr um des Rituals als um der Meditation willen geübt, obwohl beides kaum genau auseinanderzuhalten ist. Auf ähnliche Weise singen die Anhänger der „Reines Land"-Schule des Buddhismus (die nicht zum Zen gehört) oft die Worte *namoamitabhaya*. Damit rufen sie den Namen des Buddha Amitabha an, von dem sie sich vorstellen, er lebe in einem „reinen Land", zu welchem sie noch unterwegs sind. Amitabha wird verehrt, weil er geschworen hat, mit seiner Vollendung im Buddha-Sein so lange zu warten, bis allen Lebewesen die Erlösung möglich ist. Da er aber tatsächlich schon ein Buddha ist, muß folglich die Erlösung bereits

---

male Fitness zu erlangen. Wer TM übt, benützt also eine Methode der Arbeit an der Verbesserung seiner selbst; er legt sozusagen eine genaue Karte für die Überfahrt über ein spirituelles Meer an.

[42] D. T. Suzuki, *Manual of Zen Buddhism*, Grove Press, New York 1960,16. Vgl. auch Wienpahl, *The Matter of Zen*, Kapitel 14.

allen zugänglich sein (was allgemein in der buddhistischen Lehre vertreten wird). Die Anrufung seines Namens kommt dem Gebrauch eines Mantras gleich, ist also eine Methode, um alle Versuche aufzugeben, ein Buddha zu werden und statt dessen fest daran zu glauben, daß man im Grunde schon ein Buddha ist.

Läßt man solche kulturellen Zutaten beiseite, so besteht die Nützlichkeit des Singens schlicht darin, den Geist in der Konzentration von sich selbst abzulenken. Genau wie wir unsere Atemzüge zählen können, um uns zu zerstreuen, können wir mit dem gleichen Ziel rhythmisch singen. Der zur Rezitation verwendete Satz an sich ist unwichtig und braucht gar keinen besonderen oder allgemeinen Sinn zu haben. Es ist ganz gleich, ob man den Namen eines Freundes singt, den Markennamen des Frühstücks-Müslis oder ein Nonsens-Wort, das der Zweijährige der Familie erfunden hat. Worauf es ankommt ist einzig und allein, daß man seinen Geist mit irgendeiner mechanischen Tätigkeit beschäftigt, damit der „wahre" Geist in dem dadurch im Ego geschaffenen Hohlraum auftauchen kann.[43] Unmittelbar gesehen hilft das Singen, den Geist auf eine einzige Tä-

---

[43] Man kann diese Methode mit derjenigen der christlichen Mystik vergleichen. Betrachtet man etwa den in dieser Hinsicht besonders ausgeprägten Hesychasmus, so meditiert man dabei mit dem Ziel, das Selbst zu „läutern", um zur Vereinigung mit Gott zu gelangen. Die Methode zur Läuterung ist die Verehrung Jesu Christi mittels der Rezitation des sogenannten „Jesusgebets". Dabei wiederholt man wie ein Mantra unablässig einen kurzen Gebetsruf, mit dem man Jesus immer und immer wieder um ein reines Herz bittet: „Herr Jesus Christus, Sohn Gottes, erbarme dich meiner!" Man singt also, um die Seele zu läutern, um dadurch die (Wieder-)Vereinigung mit Gott möglich zu machen. (Anm. d. Ü.: Allerdings wird dabei – wie bei allen anderen Formen des Rezitierens im Christentum – vorsätzlich kein „Nonsens"-Wort, sondern der Name Jesu verwendet, dem man eine besondere Wirkkraft zuschreibt, die letztlich von der Person Jesu selbst herstammt. Die Läuterung wird darin also nicht als Frucht einer bestimmten Technik vorgestellt, sondern im wesentlichen als Gabe eines Gegenüber, nämlich Jesu Christi. Die Technik soll nur sozusagen die Empfänglichkeit für die Gabe optimieren.)

tigkeit zu konzentrieren, womit also die Achtsamkeit voll und ganz auf diese eine Tätigkeit gerichtet ist. Das ist ein dem Zen entsprechender Zustand: das Selbst-Bewußtsein setzt aus, es ist nichts mehr als Singen, also nicht mehr einer, der singt oder einer, der an das Singen denkt.

Die Bewußtheit, die man während des Sitzens erfährt, läßt sich auch bei vielen anderen alltäglichen Verrichtungen finden. Genaugenommen stellen wir unser gesamtes Leben in den Raum der Meditation, nicht die Meditation als einzelnes Element in den Raum unseres Lebens. Daher läßt sich der Geist der Meditation in grundsätzlich jeder Tätigkeit finden, z. B. im Gehen.

Das Gehen als Tätigkeit, in der man den Geist der Meditation sucht, legt sich zur Auswahl besonders nahe, weil es aus einer rhythmischen, zwanglosen Bewegung besteht. Man kann verschiedene Schrittgeschwindigkeiten ausprobieren, um in diese Art von Meditation einige Abwechslung zu bringen. Bei dieser Tätigkeit bewegt man seinen ganzen Körper durch die Umgebung, wodurch man einer größeren Bandbreite von Sinneseindrücken ausgesetzt wird als bei der Sitzmeditation.

Es ist hilfreich, jeweils mit einer Gehmeditation anzufangen, ehe man dann zu seiner täglichen Sitzmeditation übergeht. Sitzen Sie und zählen Sie ungefähr 15 Minuten lang Ihren Atem. Dann gehen Sie ungefähr fünf Minuten lang, wie weiter unten beschrieben, und dann kehren Sie weitere fünf oder zehn Minuten lang zur Sitzmeditation zurück. Je nach der Umgebung, in der Sie Ihre Sitzmeditation halten, ist es vielleicht leichter, eine bestimmte Strecke zu gehen, also die Gehmeditation räumlich, nicht zeitlich zu bemessen. Wenn etwa der Raum, in dem Sie meditieren, groß und geräumig genug ist und einem angemessen großen Rundgang nicht allzuviele Hindernisse bietet, können Sie versuchen, ihn vier- oder fünfmal zu umschreiten. Ist der Raum zu klein oder allzusehr verstellt, versuchen Sie es mit ein oder zwei Runden um Ihr Haus oder Ihren Wohnblock. Bleibt Ihnen jedoch nichts anderes als eine enge, kurze Strecke in einem einzigen Raum, dann verwenden Sie lieber immer ungefähr ein gleiches Zeitmaß auf das Gehen.

Bei der Gehmeditation meditiert man – wie könnte es anders sein? – über das Gehen. Wenn sie vom Sitzen aufstehen, sollten Sie einige Sekunden lang Ihre Haltung überprüfen, ehe Sie anfangen. Stehen Sie ganz aufrecht und lassen Sie die Augen auf dem Boden vor sich ruhen. Halten Sie je nach Körpergröße Kopf und Kinn in einer bequemen geraden Haltung; Ihre Augen sollten auf eine Stelle ungefähr zwei bis zweieinhalb Meter vor Ihnen auf dem Boden gerichtet sein. Die Arme lassen Sie locker seitlich herabhängen, die Hände legen Sie vor dem Bauch aufeinander, so daß die eine in der anderen wie in einer Schale ruht. Halten Sie sie auf einer Höhe, die angenehm ist, wobei die Ellbogen leicht nach außen gebogen sein können. Auf jeden Fall sollte die Körperhaltung ganz entspannt sein.

Gehen Sie in kurzen Halbschritten, d. h., heben Sie einen Fuß und setzen Sie ihn ganz nahe am anderen wieder ab, so daß die Ferse gleich neben dem Rist des Standbeins aufsetzt. Rollen Sie Ihren Fuß jeweils von der Ferse bis zu den Zehen ab und setzen Sie die Schritte mit jeweils einem halben Fuß Abstand, wobei Sie die Füße eng beieinander halten. Männer mit ihrem von Natur aus etwas höher gelagerten Körperschwerpunkt können dabei leicht das Gleichgewicht verlieren und zur Seite kippen. Um das auszugleichen, müssen Sie die Schrittlänge etwas vergrößern.

Wenn man den Atem zählt, konzentriert man sich aufs Zählen; wenn man geht, konzentriert man sich aufs Gehen. Lassen Sie sich ganz auf die Erfahrung Ihrer Körperbewegungen ein. Verfolgen Sie genau die Bewegungen bei jedem einzelnen Schritt. Spüren Sie die Luft, die Sie umfließt. Horchen Sie auf das Knarren des Bodens, den Sie belasten.

Riechen Sie die verschiedenen Düfte auf Ihrem Weg. Fühlen Sie den Unterschied zwischen dem Barfußgehen und dem Gehen in Schuhen. Erspüren Sie die Bewegungen Ihrer Gliedmaßen, das Lösen und Anspannen Ihrer Muskeln, die Verlagerung Ihres Gewichts von einem Fuß auf den anderen. Werden Sie durch diese Meditation „ganz Gehen".

Haben Sie Ihre Strecke abgeschritten oder ist die vorgesehene Zeit abgelaufen, so bleiben Sie kurz stehen und sammeln sich darauf. Dann setzen Sie sich und fangen Sie wieder bis zum Schluß der Übung mit dem Atemzählen an. Das rundet die gesamte Übung besser ab und läßt die Gehmeditation länger in Ihnen nachwirken, denn Sie wissen, daß Sie jetzt wieder sitzen werden, statt unvermittelt abzubrechen und irgend etwas ganz anderes zu tun. Außerdem mindern Sie auf diese Weise die Versuchung, schon während des Gehens an das zu denken, was Sie anschließend tun wollen.

Viele andere körperliche Aktivitäten lassen sich einsetzen, um die Erfahrung meditativer Bewußtheit zu begünstigen. Wie beim *zazen* oder beim Atemzählen gibt es dabei keinen Zweck darüber hinaus. Wenn man, wie oben beschrieben, geht, ist der einzige Zweck das Gehen, das Erfahren des Gehens, das „Gehendsein". Im *zazen* ist der einzige Zweck das Sitzen. Das gleiche gilt für eine große Bandbreite von Aktivitäten, die mit einem bestimmten Maß an körperlicher Bewegung oder Kunstfertigkeit verbunden sind. T'ai chi, Karate, Malen, Tanzen, Blumenstecken – alle diese Tätigkeiten sind in einer langen Tradition als Formen der Meditation benützt worden.

Für manche mag es hilfreich sein, eine dieser Tätigkeiten zu erlernen, die sich allgemein als bewährte Formen der Meditation erwiesen haben; noch leichter kann es sein, eine Aktivität zu wählen, mit der man bereits gut vertraut ist. Tennisspielen, Joggen oder Gärtnern können gleichermaßen zur meditativen Vertiefung beitragen. Selbst das

Schreiben von Gedichten oder Tagebüchern kann sich als hilfreich dafür erweisen. [44]

Das nächste Mal, wenn Sie sich damit abgeben, konzentrieren Sie sich voll auf Ihre Sportart oder Ihr Hobby. Versuchen Sie die vielen kleinen Verrichtungen und Bewegungen, die damit verbunden sind, ganz bewußt zu tun und zu spüren. Empfinden Sie möglichst intensiv, wie sich die Geräte und Werkzeuge anfühlen, die Sie verwenden und wozu sie dienen. Und was immer Sie auf meditative Weise tun, tun Sie es absichtslos, nicht mit dem Gedanken, irgend etwas damit zu erreichen oder Ihr Tun zu vervollkommnen. Sobald Sie darauf aus sind, verfehlen Sie den springenden Punkt. Ihr „Ziel" besteht nicht darin, irgend etwas „besser" zu machen, sondern einfach die ganze Dichte und Fülle dessen zu erfahren, was Sie gerade tun.

Viele Jahre behandelten die in europäischen Sprachen verfaßten Bücher über Zen das *zazen* eher beiläufig. Am augenfälligsten ist das wohl im Werk des verstorbenen D. T. Suzuki, des wichtigsten und in weiten Kreisen hoch angesehenen Interpreten des Zen im Westen. In seinen *Essays in Zen Buddhism*, die viele Jahre lang geradezu das englischsprachige Standardwerk über Zen waren, wird der Meditation ziemlich spärliche Aufmerksamkeit zuteil. Genauso vernachlässigte dieses Thema der erste maßgebliche Abendländer, der ausführlich über das Zen geschrieben hat, R. H. Blyth. Die Vertreter der ersten Welle fundierter Literatur im Westen, für die wohl die vielen Bücher von Alan Watts am charakteristischsten sind, pflegten weiterhin die Tradition, Zen auf der Ebene der herkömmlichen Philosophie zu erörtern.

Diese Tradition ist weiterhin lebendig, vor allem in den

---

[44] Als gute Diskussionsanregung sei empfohlen: Natalie Goldberg, *Der Weg des Schreibens. Durch Schreiben zu sich selbst finden*, übers. v. Thomas Poppe, Droemer Knaur, München 1991.

Werken von Masao Abe und anderen aus der sogenannten Schule von Kyoto. Allerdings ist diese frühere Sicht in den letzten zwanzig Jahren nachhaltig und zuweilen ziemlich leidenschaftlich von westlichen *roshis*, die in Japan ihre Ausbildung erfahren haben, angegriffen worden (und dann weiter von der ersten Generation ihrer Schüler). Sie haben sich alle nur erdenkliche Mühe gegeben, um hervorzuheben, daß das *zazen* für die Praxis des Zen unerläßlich sei, ja mehr noch: daß Zen *zazen sei.* Den Umstand, daß Suzuki das *zazen* nur ganz beiläufig erwähnt hat, erklären sie sich so, daß die Meditation in seiner eigenen Kultur allgemein üblich war und er als Selbstverständlichkeit unterstellte, im Westen sei das genauso. Gelegentlich wird auch gesagt, Suzuki habe es vorsätzlich vermieden, über das *zazen* zu sprechen, um das Interesse der Abendländer nicht darauf zu lenken; denn durch diese offensichtlich ihnen fremde Praxis wären sie sich selbst entfremdet worden. Auf jeden Fall stellt die neue Lehrrichtung den intellektuellen Zugang zum Zen in Frage und bekennt sich zur ursprünglichen japanischen Praxis, die ohne große Reflexionen auskommt. Auf der Schiene von Suzuki oder Watts weiterzufahren bedeute, das Zen auf bedenkliche Weise zu popularisieren und zu verwässern und folglich seinem Wesen zu schaden.

Soweit wir sehen, ist die gesamte Kontroverse verfehlt, weil dabei das *zazen* als *Methode* mit dem *zazen* als *Endziel* verwechselt wird. Zwar ist es keine Frage, daß die Meditation immer Methode und Ziel in einem sein muß, aber im ganz praktischen Vollzug gibt es eben doch einen Unterschied zwischen beidem. Sowohl im Soto- wie im Rinzai-Zen wird eindeutig – mag man noch so viel das Gegenteil behaupten – das *zazen* als Mittel betrachtet, das zum Ziel, nämlich zur Erleuchtung, führen soll. Die Anhänger dieser Schulen betonen, der intellektuelle Zugang sei seiner Natur nach schädlich – also seiner Natur nach nicht zen-haft.

Selbst wenn er das richtige Ziel anpeile, stelle er die falsche Methode dar.

Nun haben wir aber das Zen definiert als einen Zustand wacher Bewußtheit, in dem für dualistisches Denken kein Platz mehr ist. Ein solcher Zustand ist – wiederum per definitionem – ein meditativer. Folglich besteht keine Meinungsverschiedenheit darüber, daß Zen im wesentlichen ein Zustand der Meditation ist. Worum die Auseinandersetzung geht, ist die Frage, wie man diesen Zustand erreichen kann. Nach orthodoxer Auffassung kann man ihn ausschließlich mittels des *zazen* erreichen. Wir dagegen vertreten den Standpunkt, das *zazen* sei zwar eine vollkommen legitime Praxis, aber trotzdem lediglich einer von vielen Zugangswegen zum Zen. Genaugenommen ist die ganze Streiterei nutzlos und zwar deshalb, weil das Zen als Ziel ein kontemplativer Zustand ist, der seiner Substanz nach identisch ist mit dem, was man im *zazen* erfährt.

Wenn es logisch trotzdem Sinn macht, das Zen anhand von Konzepten und Theorien darzustellen, dann nicht deshalb, weil man das Zen auf solche Kategorien reduzieren könnte, sondern weil ein solches Unternehmen durchaus dazu beitragen kann, den erforderlichen Zweifel hervorzubringen, der das Gebäude des Ego und der illusorischen Welt, die es aufrechterhält, schließlich unterhöhlt und zum Einstürzen bringt. So besehen spielt das philosophische Schlußfolgern dieselbe Rolle wie das *zazen*, das *sesshin* oder der *koan*. Auch diese Übungen können nur die Richtung weisen. Letztlich ist das Zen doch immer wieder Meditation.

ANHANG I

Das *sesshin* im Kloster

Das Wort *sesshin* hießt wörtlich übersetzt „Gedanken sammeln". [45] Traditionellerweise handelt es sich um einen Zeitraum intensiven Sitzens im *zazen*, gewöhnlich einmal im Monat. In der betreffenden Zeit übt man mehrere Tage hintereinander von morgens drei oder halb vier bis abends zehn Uhr *zazen*. Das *sesshin* findet gewöhnlich im *zendo*, der Meditationshalle, statt, wo die Teilnehmer auch schlafen. Zu beiden Längsseiten der Halle ist eine erhöhte Plattform, auf der die Schüler sowohl schlafen als auch meditieren. Zur festgesetzten Stunde wird eine Glocke angeschlagen, die Schüler stehen auf und ordnen ihre Liegestatt. Nach dem Waschen begeben sie sich in den Vortragssaal, wo sie (unter Vorsitz eines *roshi*) kurze Zeit gemeinsam Sutren singen. Danach kehren sie in den *zendo* zurück und fangen mit dem *zazen* an.

Nach einer Stunde ist eine kurze Unterbrechung für das Frühstück, das traditionsgemäß aus Reis mit Soße besteht, gefolgt von Tee. Dann ertönt die Glocke, man macht kurz Pause, worauf sich wieder zweistündiges *zazen* oder ein *sanzen* anschließen (Möglichkeit für eine Aussprache der Teilnehmer mit dem *roshi*). Hierauf folgt eine Zeit für irgendeine praktische Arbeit (*zazen* in anderer Form), für das Singen von Sutren, das Vorlesen über irgendein Thema der buddhistischen Lehre oder ritualisiertes Betteln (was sowohl zum Unterhalt des Tempels beiträgt als auch Demut

---

[45] Aus den vielen ausgezeichneten Darstellungen des *sesshin* und des Mönchslebens ganz allgemein ragt immer noch D. T. Suzukis inzwischen altes Werk heraus: *Training of the Zen Buddhist Monk*, Eastern Buddhist Society Kyoto, Japan 1934; ferner seine *Introduction to Zen Buddhism*, Grove Press, New York 1964; sowie Wienpahl, *The Matter of Zen*. Die folgenden Erörterungen fußen weithin auf diesen Quellen.

lehrt). Gegen elf Uhr gibt es eine Mahlzeit, gewöhnlich Bohnenbrei und wieder Reis mit Soße. Es schließt sich weiteres Singen an, dann wieder längeres *zazen* (und eventuell noch einmal *sanzen*).

Am späten Nachmittag ist noch einmal eine Zeit für praktische Arbeit eingeschoben, an die sich kurz vor fünf Uhr wieder eine Mahlzeit aus Reis mit Soße anschließt. Der Rest des Tages und Abends wird dem *zazen* gewidmet, was lediglich durch Gelegenheiten zum *sanzen* und kurze (fünfminütige) Pausen für diejenigen unterbrochen wird, die zu steif werden und sonst irgendwelche Konzentrationsschwierigkeiten haben. Um zehn Uhr läutet wieder die Glocke, es wird Tee gereicht, eine Sutra gesungen, und dann geht das Licht aus. Jetzt gehen viele Schüler in den Garten, um dort noch eine Stunde zu sitzen. Die meisten begeben sich zum Schlafen (im allgemeinen nicht länger als vier Stunden), einige wenige bleiben die ganze Nacht wach. Um drei Uhr morgens fängt das gleiche wieder von vorn an.

Das *sesshin* und ganz allgemein das Mönchsleben haben etwas Militärisches an sich. Das Leben ist in hohem Grad reglementiert und strukturiert; strenge Regeln schreiben praktisch in jedem Augenblick jegliches Verhalten genau vor. Die Mönche haben immer den Kopf rasiert, aus nahezu dem gleichen Grund wie Rekruten bei den Marinesoldaten. Ein Aufpasser schreitet im *zendo* auf und ab, mit dem *keisaku* oder Warnstock in der Hand. Damit schlägt er jedem über den Rükken, der anscheinend döst oder sonstwie unkonzentriert ist.

Dieses Klima militärischen Drills bei der Grundausbildung bringt in das Leben der Mönche feste Rituale, die – so hilfreich sie sein mögen – dem Geist des Zen weitgehend fremd sind. Wenn das Zen eine Reaktion auf die künstliche Welt der Konventionen sein soll, mutet es merkwürdig an, daß man sich in das Zen anhand eines Systems starrer Konventionen einübt. Die alten Meister legten großen Wert darauf, jede Art von Dogma zu vermeiden. Um augenscheinlich zu machen, wie sehr sie gegen jegliche Konvention waren, verbrannten sie gelegentlich Sutren oder verstiegen sich zur Anweisung: „Wenn du dem Buddha begegnest, töte ihn." Gemeint ist damit natürlich, daß sie die Wichtigkeit und Bedeutung jedes Symbols und jeder Tradition radikal in Frage stellen wollten, einschließlich der Sutren und des Buddha selbst.

Die oben beschriebenen Mönchsgebräuche kleben sehr an der Tradition und gehen fast so weit, sie mit der Substanz des Zen zu verwechseln. Unausgesprochen geht es um die innere Einstellung, immer genau das zu tun, was zu tun man angewiesen wird, und zwar aus keinem anderen Grund als dem, daß man eben dazu angewiesen wird. Man akzeptiert fraglos die Autorität der Mönchsordnung bzw. glaubt rückhaltlos, daß die Ordnung am besten weiß, was richtig ist. Die Anfänger halten sich folglich an einen „Meister" im Vollsinn des Wortes, wozu gehört, sich vorbehaltlos der geistlichen Sorge und Führung eines Lehrers oder *roshi* anzuvertrauen.

Natürlich ist an sich nichts grundsätzlich Falsches oder Verfehltes an dieser japanischen Tradition. Vermutlich stammt unsere Abneigung gegen das Pochen auf blinden Glauben daher, daß unsere Kultur einen sehr individualistischen Zug angenommen hat.[46] Wenn das jedoch der Fall ist, stimmt es genauso, daß der autoritäre, mönchische Zugang ebenfalls das Ergebnis des sehr kollektivistischen Zugs der japanischen Kultur ist. Folglich können wir ohne Bedenken diese konventionellen Formen der japanischen Praxis und

---

[46] Anm. d. Ü.: Im „Dritten Reich" haben wir entsetzliche Erfahrungen mit blindem Gehorsam gemacht, und wir sind auch heute Augenzeugen fanatischer Hingabe an nationale und religiöse Ideologien in vielen Ländern. Das müßte uns von aller naiven „Aufgeschlossenheit" für Traditionen „blinden Gehorsams" aus anderen Kulturen kurieren. Das persönliche kritische Urteilsvermögen und die individuelle Gewissensentscheidung sind eine unverzichtbare Errungenschaft, ja Aufgabe unserer abendländischen Kultur.

Einübung beiseite lassen, weil sie unserem westlichen Empfinden nicht entsprechen.

Daß dies die richtige Einstellung sein könnte, verdeutlicht eine Episode – es ist geradezu eine Art *mondo* –, die sich erst unlängst zugetragen hat.[47] Ein Amerikaner besuchte einen Zen-Tempel in Japan. Er beobachtete mit Verdruß, daß der Abt, der ihn durch das Haus führte, immer wieder stehenblieb, um sich vor den verschiedenen Statuen des *bodhisattva* zu verneigen, an denen sie vorbeikamen. Schließlich konnte er mit seiner Erregung nicht länger an sich halten und sagte, er habe gemeint, ein wahrer Schüler des Zen sei über diesen ganzen Unsinn erhaben und sollte so frei sein, auf derlei lächerliche Ikonen spucken zu können. „Okay", erwiderte der Abt in seinem besten Englisch, das ihm zur Verfügung stand, „du spucken, ich beugen."

Aus dieser Einstellung heraus schlagen wir vor, *roshis*, das *sesshin* und in gewissem Maß auch das *zazen* selbst schlicht unter dem Gesichtspunkt der Nützlichkeit zu betrachten. Sicher ist an den traditionellen Methoden nichts grundsätzlich Falsches, so wie nichts Verkehrtes daran sein muß, sich vor dem Bild eines *bodhisattva* zu verbeugen. Aber genausogut besteht kein notwendiger Grund, sich an diese Methoden zu halten oder sich vor einer Statue zu verneigen. Das ist eine Frage der kulturellen und persönlichen Wertschätzung.

Auf jeden Fall sind die japanischen Methoden nicht das gleiche wie Zen. Sie sind genau wie dieses Buch hier nur Mittel zu einem Zweck. So wie das Zen davor warnt, verwirrende Gedanken mit der Wirklichkeit zu verwechseln, sagt uns auch unser gesunder Menschenverstand, daß es verkehrt wäre, ein bestimmtes System kultureller Vorstellungen als einzig akzeptable Methode für die Einübung in das Zen auszugeben.

---

[47] berichtet von Weinpahl, *The Matter of Zen*, 43 f.

ANHANG II

Persönliche Anmerkungen zur Meditationsübung

Immer wenn wir uns irgendetwas Neues angewöhnen wollen, haben wir zunächst gegen Anlaufschwierigkeiten zu kämpfen. Das ist auch der Fall, wenn wir die Meditation zu einem festen Bestandteil unseres Alltagslebens machen wollen. Oft zögert man oder verspürt einen gewissen inneren Widerstand, weil man sich nicht sicher ist, ob man nun wirklich „das Richtige tut", oder weil man das Gefühl hat, man könnte eigentlich seine Zeit wichtigeren Dingen widmen, wie dem Einkaufen, dem Überweisen von Rechnungen oder womöglich sogar dem Bücherschreiben.

Man braucht eine kleine Ecke jedes Tages, in der man regelmäßig meditiert. Für den Anfang genügen kurze Zeiteinheiten – von zehn bis zwanzig Minuten täglich oder auch jeden zweiten Tag. Empfohlen wird, am Morgen zu meditieren, vorzugsweise vor dem Frühstück. Worauf es dabei ankommt, ist, daß man weder zu hungrig infolge seiner Tagesbelastungen ist, noch körperlich allzusehr mit der Verdauungsarbeit beschäftigt (und folglich schläfrig). Meditieren Sie einfach – sooft Sie können, wie oft Sie können.

Eine der besten Möglichkeiten, die eigene Trägheit zu überwinden, besteht darin, seine Meditationsübung in Gemeinschaft mit anderen zu machen, sich also vor Ort einer Gemeinschaft von Zen-Meditierenden anzuschließen. Für solche Gruppen ist es typisch, daß sie sehr informell sind, ihre Teilnehmerzahl stark fluktuiert und sie äußerst aufgeschlossen für Anfänger sind.

Gruppen sind aus mehreren Gründen eine wertvolle Hilfe. Zunächst einmal bieten sie ganz praktische Anleitungen, wie man meditieren soll. Zweitens findet man dort ein Forum, in dem man über seine Erfahrungen und Probleme reden kann. Solche Gruppen wirken ähnlich wie sonstige Selbsthilfegruppen, bei denen man gleichgesinnte Leute trifft, die vermutlich mit denselben Schwierigkeiten und Zweifeln zu kämpfen haben wie man selbst. Drittens kommt man sich weit weniger albern vor, wenn noch eine Reihe anderer Leute im selben Raum auf dem Boden sitzen und die Wand anstarren. Viertens wird man durch die Teilnahme an einer Gruppe wirksam gezwungen, zumindest bis zum Ende des Treffens durchzuhalten. Vielleicht fällt es Ihnen viel leichter, zum Treffen zu fahren oder zu gehen, statt sich selbst zu zwingen, eine Stunde lang reglos dazusitzen. Indem Sie sich auf das Treffen festnageln, binden Sie sich selbst die Hände; Sie müssen etwas tun, wozu Sie sonst vielleicht nicht die Energie oder Geduld hätten.

Halten Sie sich immer wieder vor Augen: die Meditation verfolgt ausschließlich den Zweck zu meditieren. Die Bewußtheit und das Erwachen sind Prozesse, die sich einstellen, wenn das, was sich in Ihrem Geist abspielt, immer mehr zurücktritt, weniger wird und Sie zur Einsicht kommen. Wie das Tao, so ist auch die Meditation ziel-los. Es geht dabei um einen Weg, der erfahren werden will. Vermeiden Sie es, beim Erfahrungsaustausch in der Gruppe in eine Wettbewerbshaltung zu verfallen – als ob es darauf ankäme, wer die tiefsten Erfahrungen gemacht hat. Man meditiert nie besser als jemand anderer. Die Meditation ist ein Prozeß ohne Ende, ohne Ziele. Es kann sein, daß Sie manches nie erfahren, was andere erfahren, und darum ist es sinnlos, Ihre Erfahrungen unter dem Gesichtspunkt der Annäherung an ein bestimmtes Ziel miteinander zu vergleichen. Meditieren Sie und bleiben Sie in der Gruppe, aber hüten Sie sich selbst und andere davor, miteinander zu wetteifern. Die Gruppe sollte ein Klima schaffen und bewahren, in dem man spürbar die Freiheit von den gesellschaftlichen Zwängen erlebt, denen wir sonst überall ausgesetzt sind. Noch einmal: es gibt keine „einzig richtige" Methode des

Meditierens. Sie machen es nicht „falsch", und die Gruppe sollte diese Einsicht wecken, statt sie zu verhindern.

In der Rinzai-Tradition besteht die formelle Übung aus einer Kombination des *zazen* mit einem bestimmten *koan*. Strenggenommen sollte man sich mit einem *koan* nur unter Anleitung eines *roshi* beschäftigen, da der Lernprozeß weitgehend mit dem *sanzen* steht und fällt, also der Aussprache des Schülers mit dem *roshi*. Angesichts der Tatsache, daß das Rinzai-Establishment sich selbst das Wasser abgraben würde, wenn es den *roshi* für unnötig erklärte, sollte man den Rat, sich ohne einen *roshi* lieber nicht auf einen *koan* einzulassen, mit einiger Skepsis betrachten. Andererseits mag es wahr sein, daß der *koan* in den Händen eines Unerfahrenen nur von sehr begrenztem Wert ist. Auf keinen Fall aber schadet es, wenn man sich ganz allein mit *koans* beschäftigt – es sei denn, die Geduld nimmt Schaden.

Die Arbeit mit einem *koan* kann besonders fruchtbar sein, wenn man zuvor einige Übung im Atemzählen erworben hat. An diesem Punkt verspürt man oft ein zunehmendes Gefühl des Widerstands gegen die Meditationsübung, weil sie einem nutzlos vorkommt. Dem Schüler muß klar werden, daß dieser Widerstand vom Ego kommt und daß er diesen Punkt der Entwicklung als Chance betrachten sollte, einen Schritt weiterzukommen. Es kann sein, daß der *koan* dann wirksam hilft, diesen Schritt nach vorn zu tun.

Eine ganze Anzahl von Sammlungen traditioneller japanischer *koans* sind leicht erhältlich. Aber es kann von Vorteil sein, sich seine eigene Sammlung anzulegen.[48] Jedem von uns stellen sich im Alltagsleben eine ganze Reihe brauchbarer *koan*-ähnlicher Fragen. Die Suche des Menschen nach dem tieferen Sinn seines Lebens beginnt ge-

---

[48] Zwei Standardsammlungen, die in vielen Ausgaben und mit vielerlei Kommentaren versehen erhältlich sind, sind der „Mumokan" und der „Hekiganroku".

wöhnlich mit der nachdenklichen Frage: „Wer bin ich?"
Man kann diese Frage leicht zum ganz persönlichen *koan*
machen, indem man sie mit seinem eigenen Vornamen verknüpft. Versuchen Sie für sich selbst herauszubringen, wer
diese Person ist, wo ihr Platz in dieser Welt ist und ob sie
einmalig ist. Versuchen Sie zu erkennen, was diese Person
ausmacht, was sie unabhängig von ihrem Erfahren ist und
wer es ist, der/die all das wissen möchte.

Auf ganz ähnliche Weise lassen sich weitere *koans* aus
Stichworten formulieren, die Ihnen Ihre Umgebung bietet.[49] Erfahren Sie irgendwelche spezifischen Probleme?
Sorgen Sie sich um jemanden ganz besonders? Ereignet sich
in Ihrem Leben etwas, das Ihnen von besonderer Bedeutung
zu sein scheint? Machen Sie daraus einen *koan*, indem Sie
die betreffende Frage auf ein oder zwei Wörter reduzieren.
Halten Sie sich diese Formulierungen mehrere aufeinander-
folgende Tage hindurch immer wieder zehn oder zwanzig
Minuten lang vor Augen. Mittels dieser Übung ergibt sich
dann allmählich eine Einsicht, und die Bedeutung der im
koan enthaltenen Fragen erschließt sich für Ihr Leben. Es
kann sein, daß sich überraschende Lösungen ergeben, wenn
der Geist das betreffende Wort erwägt und bearbeitet.

Es ist wichtig, sich daran zu erinnern, daß man zur Meditationsübung viel Geduld braucht. An das *satori* kann man
sich zwar nicht stufenweise annähern, wohl aber an die
Meditation. Wie für jede neue und ungewohnte Aktivität
braucht man auch hier Zeit, um sich einzugewöhnen. Je
öfter und länger Sie meditieren, als desto leichter und loh-
nender werden Sie es empfinden. Das ist, wie wenn man
das Fahrradfahren lernt: Am Anfang kommt es einem verwirrend und entmutigend vor, aber wenn man unverdros-
sen weitermacht, entdeckt man, daß das eine vollkommen
selbstverständliche Angelegenheit wird.

---

[49] vgl. James Whitehill, *Enter the Quiet*, Harper and Row, New York 1980.

7. KAPITEL

Jenseits des herkömmlichen Denkens:
Die sozialen Auswirkungen des Zen

*Der Konflikt zwischen Richtig und Falsch ist eine Krank-
heit des Geistes.*   Seng-ts'an

*Bisher haben die Philosophen die Welt interpretiert; doch
von jetzt an geht es darum, sie zu verändern.*   Karl Marx

Bis hierher hat uns das Zen als ein Phänomen auf individueller Ebene beschäftigt – d. h. wir haben die Konsequenzen
erörtert, die sich aus dem Zen für das Verständnis der Struktur der Psyche des Menschen ergeben. Aber ganz offensichtlich prägen die Grundmuster des individuellen Denkens die
soziale Ordnung und werden ihrerseits von dieser geprägt.
Folglich kann, was strikt eine Angelegenheit der persönlichen Philosophie zu sein scheint, wichtige soziale Auswirkungen haben. Aus diesem Grund kommen wir in diesem
abschließenden Kapitel auf die im Zen steckende „Sozial-
theorie" zu sprechen, d. h. auf die Auswirkungen, die das
Zen auf die Kultur, die Politik und die Gesellschaft hat.
   Die engste westliche Annäherung an die sowohl im Zen
als auch im Taoismus steckende Sozialphilosophie findet
sich in den Werken der utopischen Sozialisten und Anarchisten des 19. Jahrhunderts. Im Umgangsdeutsch ist das
Wort „Anarchie" ein eher negativ besetztes Synonym für
„Chaos", aber in der politischen Philosophie wird es in
einem deutlich anderen Sinn verwendet. Dort ist mit „Anarchie" nicht die Ablehnung jedweder Ordnung gemeint,
sondern die Ablehnung einer aufgezwungenen Ordnung.

Lao-tse hatte behauptet, die Fähigkeit einiger einzelner, das Leben aller anderen zu kontrollieren, sei etwas „Unnatürliches" und zwar in dem Sinn, daß es gegen die Natur des Menschen sei. In dieser Hinsicht stellt der Anarchist nicht nur den Staat, sondern alle sozialen Einrichtungen in Frage, die die Fähigkeit, andere zu etwas zu zwingen, zur festen Institution machen oder sonstwie stabilisieren. Dieser Zwang kennt unzählige Spielarten, von der Einberufung junger Männer zum Dienst in Armeen über die Benachteiligung der Frauen bis zur Ausbeutung der Arbeiter durch die Besitzer des Kapitals.

Der Zwang, so wird argumentiert, habe grundsätzlich etwas Korrumpierendes an sich, insofern er nämlich an die Stelle des natürlichen Wohlwollens trete. Die Macht korrumpiert nicht nur diejenigen, die sie schmieden, sondern auch ihre Opfer. Sehen wir uns ein etwas schrulliges, aber immerhin recht anschauliches Beispiel an: Charles Dikkens' Ebenezer Scrooge. Als reicher Geldverleiher ist Scrooge mit fortschreitendem Reicherwerden psychologisch zum Krüppel geworden. Ein Anarchist würde wohl sagen, zum Großteil verdanke er diese Verkrüppelung seiner Fähigkeit, andere Menschen als Mittel dazu zu gebrauchen, Profit zu machen. Indem er das Schwert finanziellen Ruins oder des Schuldgefängnisses über den Köpfen der Leute schweben läßt, beeinträchtigt er nicht nur die Psyche seiner Opfer, sondern auch seine eigene. Aus dem gutmütigen und liebevollen jungen Mann wird ein berechnender, menschenverachtender alter Kerl, und an der ganzen Verwandlung schuld ist sein unablässiges Zählen von Goldstücken.

Im sogenannten Naturzustand, noch bevor irgendein Zwang eingesetzt hat – oder im Falle Scrooges, noch bevor er sich verändert hat –, ist das Leben vom taoistischen Prinzip des *wu-wei* geprägt. Wenn man der Natur ihren freien Lauf läßt, ohne unnötig darin einzugreifen, leben die Menschen in einem Zustand spontaner Kooperation. Sie ko-existieren friedlich miteinander, ordnen und koordinieren ihre Angelegenheiten ganz natürlich, ohne dazu die Hilfe von Polizisten und Steuereintreibern zu brauchen. Später wird Marx sagen: Alle Waren und Dienste werden von Individuen produziert, die im Maß ihrer Fähigkeiten zum Ganzen beitragen und im Maß ihrer Bedürfnisse bekommen, was sie brauchen. Das ganze System reguliert sich selbst und funktioniert sehr gut ohne autoritäre Strukturen. Diese Anarchie ist nicht chaotisch, sondern ganz natürlich harmonisch. Es ist keine Welt bar jeder Ordnung, sondern eine Welt, in der sich die Ordnung von allein einspielt, etwa so, wie die Sonne von allein auf- und untergeht.

So gesehen sind die sozialen Pathologien, unter denen unsere moderne Gesellschaft leidet, nicht die Folge der Mängel der menschlichen Natur, sondern der künstlichen Machtverhältnisse, die das natürliche Gleichgewicht zerstört haben, welches sich sonst immer wieder einpendeln würde. Unbewußt und ohne es zu wissen, haben wir in die Natur eingegriffen und damit gegen *wu-wei* verstoßen. So haben wir die Bedingungen dafür geschaffen, daß die Reichen über das Leben der Armen verfügen, die Männer die Frauen beherrschen und die Weißen die farbigen Völker kolonisieren und versklaven. Durch dieses Vorgehen haben wir den „angemessenen" oder natürlichen Verlauf der menschlichen Zivilisation pervertiert und dafür eine Ersatzwelt voller Gewalt, Habgier und Krieg geschaffen.

Hobbes beschreibt die Situation, in die das schließlich führt, als ständigen Krieg aller gegen alle, und das Leben darin wird „armselig, brutal, widerwärtig und kurz". Hobbes und die gesamte jüdisch-christliche Tradition gehen davon aus, daß dieses „Gesetz des Dschungels" im Charakter des Menschen stecke. Wir seien von Natur aus aggressiv, amoralisch und animalisch, und wenn eindeutig definierte soziale Kontrollen fehlten, verfielen wir in einen endlosen Krieg aller gegen alle. In den Augen der Anarchisten werden bei dieser Sicht Ursache und Wirkung verwechselt. Die Logik des Dschungels sei dem Menschen nicht angeboren, sondern ergebe sich gerade aus dem Versuch, eine straffe soziale Ordnung aufzurichten. Soziale Konventionen, die das Denken und Verhalten genau regeln, seien folglich keine Lösung, sondern selbst das Problem.

Implizit steckt in dieser Auffassung die Einsicht, es gebe nichts Absolutes, und echte Freiheit sei nur möglich, wenn es keine absoluten Werte gebe. Das leuchtet unmittelbar ein, wenn wir uns vor Augen halten, daß zur Freiheit eine Gesellschaft gehört, die alle Unterschiede in Meinungen und Wertvorstellungen toleriert. Eine solche Toleranz ist nur möglich, wenn wir den Anspruch auf absolute Gewißheiten und Eindeutigkeiten aufgeben, denn der Glaube an solche absoluten Gewißheiten liefert das Instrument, mit dem wir unser Wahrheitsverständnis anderen aufzwingen. Die katholische Kirche z. B. beansprucht eine absolute Wahrheitserkenntnis im Hinblick auf die Umstände der menschlichen Fortpflanzung und so versucht sie überall, das Verbot der Abtreibung, der Geburtenkontrolle, der künstlichen Befruchtung usw. durchzusetzen. Ähnlich unternehmen viele Leute den Versuch, genau darüber zu befinden, welche Art Bücher andere Leute lesen sollen und welche nicht, weil sie absolut zu wissen glauben, was man lesen und was man nicht lesen sollte. Bei den fehlgeschlagenen Experimenten der „Volksdemokratien" in Osteuropa fühlte man keinerlei Verpflichtung, dem Volk das Regieren zuzutrauen, weil man meinte, aus der leninistischen Theorie die absolute Wahrheit herauslesen zu können. Ähnlich leiten die „Islamischen Republiken" des Iran und Saudi-Arabiens ihre Prinzipien aus dem Koran ab, so daß es völlig überflüssig wird, dem Volk irgendwelche Mitbestimmung bei der Politik einzuräumen; da man die Wahrheit ja kennt, sind die wankelmütigen Wünsche der Massen irrelevant. Kurz, zur Freiheit gehört, daß niemand in der Lage ist, seine

Werte anderen aufzudrängen, und daß niemand den Wunsch hat, das zu tun.

Aus diesem Grunde lehnt der Anarchist jeden Anspruch auf absolute Wahrheit ab, da ein solcher immer dem Geist wahrer Freiheit widerspreche. Für die jüdisch-christliche Mentalität ist das Unsinn. Sie betrachtet eine solche Auffassung sogar als alarmierend und das deshalb, weil ihre Theorie über die Natur des Menschen sagt: Das menschliche Verhalten wird vom Egoismus angetrieben, der bestimmte Objekte begehrt, und folglich bedarf es der Zügelung durch eine Moral, die seine niedrigeren Instinkte in Schach hält. Ganz im Unterschied dazu vertritt die östliche Tradition die Ansicht, unsere Natur sei nicht etwas, wogegen man ankämpfen oder was man überwinden müsse. Würde man die Menschen, frei von allen Geboten, frei von Freuds Über-Ich, frei von jeglichen sozialen Konventionen, einfach ihren eigenen Impulsen überlassen, so würden sie durchaus nicht zu Tieren verkommen. Das Problem liegt nicht in der „Unmoral" der Anarchie, sondern in der äußerst merkwürdigen Vorstellung von der menschlichen Natur, die das Einführen moralischer Begriffe unbedingt notwendig erscheinen lasse.

Auf diesen Punkt weist besonders deutlich der überragende Geist des modernen Anarchismus hin, Pierre-Joseph Proudhon (1809–1865).[50] Proudhon argumentierte, der Grund für die Raffgier und Bosheit, ja für alles schlechte Verhalten des Menschen seien die künstlichen hierarchischen Strukturen auf sozialem und politischem Gebiet. Die Menschen fänden sich wie die im Zoo eingesperrten Tiere in der Falle einer fremden und feindseligen Umgebung vor. Genau wie diese Tiere in ihren Käfigen oft gewalttätig und

---

[50] Proudhons Hauptwerke sind: *Was ist Eigentum? Untersuchungen über den Grund von Recht und Regierung* und *Lösung des sozialen Problems. Der allgemeine Revolutionsbegriff im 19. Jahrhundert.* Beide sind in verschiedenen Übersetzungen aus dem Französischen zugänglich.

verwirrt seien – man sehe ja, daß sie sich darin oft ganz anders verhalten als in ihrem natürlichen, freien Lebensraum –, so fühlten sich auch die Menschenwesen entfremdet und verwirrt, weshalb sie sich oft irrational und gewalttätig gebärdeten. Die Lösung für Mensch wie Tier bestehe nicht in besseren Käfigen, sondern in der Freiheit.

Genau darauf zielt auch Rousseaus oft zitierter Spruch, die Menschen würden frei geboren, fänden sich aber überall in Ketten.[51] Von Natur aus seien wir frei, aber wir seien an die Ketten repressiver und unnatürlicher sozialer Beziehungen geschmiedet. Nähme man die Ketten weg und würde allen Männern und Frauen wieder ihre volle Freiheit schenken, so wären bereits Riesenschritte zur Lösung unserer drängendsten Probleme getan. Mit anderen Worten: Man müßte die lähmenden und blockierenden Machtstrukturen beseitigen, und die daraus resultierenden sozialen Übel würden von allein verschwinden. Um als Gesellschaft frei werden zu können, müßten wir zunächst für uns als Individuen die Freiheit erringen. So wäre die Freiheit also nicht nur ein Ziel in sich selbst, sondern das Mittel, ein noch größeres Ziel zu erreichen: das Glück der Menschen. Die Lehre von der Anarchie ist folglich eine entschieden *soziale* Lehre. Sie bezieht ihre moralische Kraft nicht nur aus ihrer Forderung nach individueller Freiheit, sondern von der Konsequenz, mit der sie auch die Freiheit für andere und für das Menschengeschlecht als ganzes fordert.

Mit den Ketten, von denen Rousseau spricht, meint er natürlich nicht nur den Zwang, der mit dem Gewehrlauf ausgeübt wird, sondern jeden Versuch des Sozialwesens, die Gewissensfreiheit einzuschränken. Wie wir gesehen haben

---

[51] Es steht im ersten Satz seiner Schrift *Du contrat social, ou principe du droit politique (Der gesellschaftliche Vertrag oder die Grundregeln des allgemeinen Staatsrechts)*. Die gleiche Auffassung vertritt er in seiner *Abhandlung über den Ursprung und die Ungleichheit unter den Menschen* und, etwas gemäßigter, in *Emile oder von der Erziehung*.

und wie auch Rousseau ausdrücklich sagt, wird unsere Freiheit durch das gesamte Gebäude unserer sozialen Konventionen eingeschränkt. Soziale Gewohnheiten aller Art verstellen unserer Freiheit den Weg. Sie tun das dadurch, daß sie nicht nur bestimmte Verhaltensweisen vorschreiben, sondern auch die Welt künstlich in willkürliche Kategorien und Klassen einteilen. Alle Sprachen, Religionen, Staaten und Gesellschaften sind ihrem Wesen nach darauf angelegt, immer wieder zu einem Gefängnis zu werden, in das sich die Menschen eingesperrt finden.

Der Anarchist ist der Überzeugung, daß die sozialen Institutionen der persönlichen Freiheit im Weg stehen, was dann wiederum dazu führt, daß sich eine natürliche, kooperative soziale Ordnung gar nicht entwickeln kann. Das Zen treibt diese Logik einen Schritt weiter, indem es sagt, nicht nur die Machtstrukturen seien von Übel, sondern die ganze Vorstellung einer sozial definierten Wirklichkeit sei ein Fehler. Anarchist wie Buddhist betrachten die Menschenwesen als Sklaven willkürlicher sozialer Konventionen, die irrtümlicherweise für etwas Wirkliches gehalten werden. Der Anarchist erklärt jede soziale Rolle für etwas Künstliches, der Buddhist sagt noch radikaler, sogar ein sozial definiertes Ego sei eine Illusion. In den Augen des Anarchisten sind wir in die Falle einer falschen und gefährlichen Welt geraten, in der die sozialen Beziehungen so verdorben sind, daß sie soziale Mißstände zur Folge haben; in den Augen des Buddhisten sind wir in eine Welt kollektiv verhängter Abstraktionen eingesperrt, die so starr geworden sind, daß sie uns von unserem eigenen Leben entfremden. Die Theorie des Anarchismus verlangt die Zerschlagung der gegenwärtigen Sozialordnung, damit sich eine echtere und menschlichere Ordnung entwickeln kann, während das Zen anregt, alle Konventionen und mentalen Kategorien hinter sich zu lassen, um sie auf die wahre Wirklichkeit hin zu durchschauen.

Das Zen kann man somit als eine Art begrifflicher Anarchie betrachten; es vertritt, daß nicht nur unsere Beziehungen untereinander wie Ketten sind, die die menschliche Natur fesseln und degradieren, sondern daß uns auch unsere ganze Art, wie wir die Welt sehen wollen, fesselt und beeinträchtigt. Wir halten uns fraglos an die Landkarten der Erfahrung, die wir mit unseren Begriffen hergestellt haben, und von diesen Begriffen her konstruieren wir psychologisch eine entsprechende Gesellschaft, so daß nicht mehr unsere wahre Natur allem zugrundeliegt, sondern unser begriffliches System. Eine künstliche Gesellschaft verdirbt unser Leben, indem sie unnatürliche soziale Beziehungen einrichtet; genauso entfremdet die synthetische Welt der begrifflichen Abstraktionen das Selbst von jeder echten Erfahrung, indem sie einen künstlichen Unterschied zwischen der Erfahrung und der Person, die die Erfahrung hat, einführt. In beiden Fällen besteht die Befreiung darin, den korrumpierenden Einfluß zu beseitigen, d. h. zu einer „natürlichen" Gesellschaft zurückzukehren, die keine künstlichen Beziehungen erzwingt, und zu einem „natürlichen" oder geeinten Selbst, in dem es nichts anderes und niemand anderen mehr gibt als die Erfahrung selbst.

Proudhons unmittelbare Angriffsziele waren die sozialen Praktiken, die bestimmte Leute als Herren über die anderen etablierten. Um diese Hierarchie abbauen zu können, müsse man alle herkömmlichen Strukturen, wie etwa den Kapitalismus und das Privateigentum, abschaffen, weil sie ungerechte Verlagerungen von Macht und Status bewirken. Doch grundsätzlicher ging es nicht nur darum, diese Einrichtungen in Frage zu stellen, sondern das gesamte System von Ideen und Werten, das sie trug und stützte. Daher ging es Proudhon im Tiefsten um die denkerischen Grundlagen der etablierten Ordnung. Das mit seinem Namen verbundene Programm eines sozialen Wandels stützt sich somit auf eine radikale Kritik der vorherrschenden sozialen Normen und besagt: Wenn wir die alte Ordnung stürzen wollen, müssen wir zunächst einmal zeigen, daß die sie stützenden Ideen untragbar sind.

Dabei ist es nicht entscheidend, rundweg die Möglichkeit oder die moralische Qualität jeglicher sozialer Werte in Frage zu stellen. Es soll nur aufgezeigt werden, daß die gegenwärtig vorherrschenden Werte das Ergebnis politischer und ökonomischer Machtverhältnisse sind und von diesen aufrechterhalten werden. Schon bei Proudhon klingen die Gedanken an, die später Marx klar ausformuliert hat: In jeder Gesellschaft sind die vorherrschenden Ideen und Prinzipien diejenigen der herrschenden Klasse. Anders gesagt, die ökonomisch vorherrschende Klasse schafft und stabilisiert für sich ein Wertesystem und Auffassungen, von denen sie dann vorgibt, sie seien von Gott verordnet oder lägen in der Natur des Menschen – und in Wirklichkeit dienen sie dazu, die Privilegien und Interessen der herrschenden Klasse abzusichern. Die Vorstellungen über Eigentumsrechte und das sogenannte freie Unternehmertum z. B. sind deshalb in den Rang sozialer Normen erhoben worden, weil sie die Klasse der Kapitalisten davor schützen, daß sich die Arbeiterklasse „ihr" Eigentum aneignet. Genauso wird die Freiheit als etwas Negatives definiert, nämlich als Fehlen von Zwängen, die sie einschränken, und nicht als das Existieren von Umständen, die positiv zur Entfaltung beitragen. Entsprechend richten die ökonomisch Mächtigen eine Art Kastensystem ein, in dem es unterschiedliche Beschäftigungsarten und verschiedene Stufen des Gelderwerbs gibt, die dann in eine Status-Pyramide in der sozialen Hierarchie eingeordnet werden.

Für die herrschende Klasse und ihre bourgeoisen Verbündeten sind diese Werte irgendwie in der Naturordnung verankert. Privateigentum ist ein „Naturrecht", so daß jeder Versuch, den Reichtum anders zu verteilen oder die Produktionsmittel in kollektives Eigentum umzuwandeln, als „niederträchtig und ungeziemend" angesehen werden muß (wie es James Madison formuliert hat). Aus der gleichen Logik ergibt sich dann, daß das „Recht" von einzelnen und Verbänden, die Arbeiterklasse dadurch zu beherrschen, daß man über ihre Erwerbsmöglichkeiten verfügt, ebenfalls ein „natürliches" Recht ist. Hieraus folgt, daß das gesamte wirtschaftliche Produktionssystem, wie es sich eingespielt hat, und die sozialen Beziehungen, die sich daraus ergeben haben, als „natürlich" betrachtet und verteidigt werden können. Allgemeiner gesagt, das Machtpotential der herrschenden Klasse definiert das genaue System sozialer Belohnungen und Strafen. Als „Diebstahl" wird z. B. definiert, wenn man das Eigentum eines anderen wegnimmt; aber kein Diebstahl ist es, die Arbeitskraft anderer für seinen Vorteil auszunützen, indem man das System der „Profite" einrichtet. Auf diese Weise durchwirkt die ungleiche Machtverteilung, die sich aus dem kapitalistischen Wirtschaftssystem ergibt, alle Bereiche der Gesellschaft und beherrscht schließlich die gesamte Sozialordnung.

In diesem Prozeß werden die Ketten geschmiedet, von denen Rousseau spricht. Frei geboren, finden sich die Menschenwesen unverzüglich in eine Ersatzwelt eingesperrt, die aus lauter Konventionen besteht, welche weithin von einer kleinen vorherrschenden Menschenklasse definiert sind. Aus der Sicht des Zen sitzt die Problematik noch viel tiefer: Das Gefängnis der Konventionen ist nicht nur durch den verderblichen Einfluß sozialer Zwänge bedingt, sondern durch den gesamten Prozeß des (weithin sozial definierten) begrifflichen Abstrahierens. Das Zen stellt nicht nur die sozialen Normen als das künstliche Produkt ungleicher Machtverhältnisse in Frage, sondern auch den Umstand, daß solche Normen überhaupt existieren – oder genauer, daß man sie fälschlicherweise für etwas hält, das an sich irgendeine Gültigkeit habe. Der Anarchist wendet sich gegen die Strukturen der zeitgenössischen Gesellschaft, weil sie das Unrechtsprodukt einer ungerechten Verteilung der ökonomischen Ressourcen sind; der Taoist und der Buddhist sieht noch tiefer und wendet sich gegen den gesamten Prozeß, bei dem wir unsere Abstraktionen mit der konkreten Wirklichkeit verwechseln.

Proudhon und Marx betrachten die sozialen Normen als willkürlich und launenhaft, weil sie lediglich die Vorherrschaft einer Klasse über die andere zementieren. So hellsichtig das ist, letztlich bleibt es unvollständig, insofern grundsätzlich alle Ideen willkürlich sind, einschließlich derjenigen von Proudhon und Marx. Mit anderen Worten, der Fehler besteht nicht darin, *wie* die sozialen Vorstellungen nun genau beschaffen sind – ob sie mehr oder weniger gerecht oder ungerecht sind –, sondern *daß* es sie überhaupt gibt. Ganz gleich, wie ein Gedankensystem beschaffen sein mag – es stellt immer eine kollektive Definition der Wirklichkeit dar. Aber, wie wir gesehen haben, läßt sich die Wirklichkeit überhaupt nicht in jene dualistischen Kategorien einzwängen, die man unvermeidlich einführt, wenn man Definitionen verwendet. Unsere Gesellschaft krankt also zutiefst daran, daß sie nicht nur ungerechterweise ein willkürliches Schema sozialer Belohnungen und Strafen einführt, das von den ökonomisch Vorherrschenden geprägt ist, sondern daß sie überhaupt Ideen und Werte erfindet, die ihrer Definition nach inhaltslos sind.

Daraus ergibt sich, daß Rousseaus Konventionen-Gefängnis nicht dadurch zerstört werden kann, daß man (nur) den Ideen der vorherrschenden Klasse den Krieg erklärt, sondern man muß grundsätzlich allen Ideen den Krieg erklären. Das Zen stellt den Aufruf zu einer Revolution dar, aber zu einer radikal anderen als der von den Marxisten gewollten. Das Zen möchte nicht nur eine Rebellion gegen Ausbeutung und Ungerechtigkeit sein, sondern schlägt eine Revolution gegen grundsätzlich alle Sozialtheorien vor, weil diese die Ausbeutung und Ungerechtigkeit jeweils erst ermöglichen. So verwirft das Zen alle Begriffe, einschließlich derjenigen der Gesellschaft, der Anarchie, des Kapitalismus, des Marxismus, der Ausbeutung, der Ungerechtigkeit und der Revolution. Diese Revolte richtet sich nicht (nur) gegen unsere politischen und ökonomischen Herren, sondern gegen die Tyrannei der Konventionen schlechthin.[52]

Indem es alle Begriffe verwirft, erweist sich das Zen als ein Aufstand gegen die gesamte Struktur der Wirklichkeit, wie wir sie kennen. Das Zen stellt sich somit gegen *alles und jedes*, einschließlich der Idee des Zen.

Die Ablehnung aller Ideen ist nicht das gleiche wie die Ablehnung der „Substanz", die diese Ideen meinen, aber nur höchst unvollkommen vertreten. Wenn man z. B. die Idee der Gerechtigkeit verwirft, heißt das nicht, man wolle damit leugnen, daß die einzelnen in gewisser Hinsicht für ihre Taten verantwortlich sind. Es heißt statt dessen, sich weigern, eine abstrakte, höchst differenzierte Theorie der Gerechtigkeit als Selbstzweck anzunehmen. Nichts von der Idee des Gutseins zu halten bedeutet ebenfalls nicht, dem Bösen Tür und Tor zu öffnen, sondern lediglich einzusehen, daß sowohl „das Gute" wie „das Böse" leere, formlose Ideen sind, die einander gegenseitig bedingen. Wie alle dualistischen Alternativen, sind „Gut" und „Böse" keine Erfahrungsinhalte, sondern qualifizierende Etiketten, die das Ego der Erfahrung aufklebt. Wie schwarz und weiß oder links und rechts existieren sie nur in ihrer subjektiven Beziehung zueinander. Wenn man folglich etwas unter den Begriff „Gut" stellt, führt man unvermeidlich auch die Ka-

---

[52] Marx selbst scheint gelegentlich eine Äußerung gemacht zu haben, die dem ziemlich entspricht. In seiner Sicht war das „Individuum", wie man es gewöhnlich versteht, nur eine Fassade, hinter der die sozialen Kräfte stehen, die die Gesellschaft ausmachen. Das Individuum (also Ego) ist somit ein „Knäuel aus sozialen Beziehungen" und nicht eigentlich eine autonome Persönlichkeit. Die Emanzipation kann daher letztlich nicht auf einen Zustand abzielen, bei dem die Individuen überhaupt nicht mehr sozial determiniert sind.

tegorie „Böse" ein. Gibt man es also auf, etwas als „gut" zu bezeichnen, wird man auch das „Böse" los.

Sollte es so etwas wie einen Sündenfall des Menschen oder eine Erbsünde geben, so besteht sie genaugenommen darin, an das Gute oder das Böse zu glauben. Die verbotene Frucht war darum nicht die Frucht der „Erkenntnis", sondern die Frucht der „Illusion", denn mit ihrem Genuß kam der Dualismus in die Welt. Mit dessen neuen Ideen bewaffnet, machten sich die Menschenwesen ans Werk, um ungemein ausgefeilte religiös-ethische Systeme zu ersinnen, die sich auf das strenge Einhalten genauer Verhaltensmaßregeln gründeten. Selbst in der außerkirchlichen, weltlichen Tradition der westlichen akademischen Philosophie lief das Studium der Ethik immer wieder darauf hinaus, fundamentale Regeln zu suchen, die das menschliche Verhalten in geordnete Bahnen lenken sollten. Die Christen glauben, solche Regeln seien in der Bibel zu finden. Die Utilitaristen glauben, sie könnten solche Regeln aus selbstevidenten Prinzipien ableiten, etwa dem Prinzip des größtmöglichen Gutes für die größtmögliche Zahl. Selbst Kant glaubte, er könne aus der Erfahrung den sogenannten kategorischen Imperativ (oder die „Goldene Regel") ableiten, man solle andere Personen nicht als Mittel, sondern als Zweck in sich selbst ansehen.

Diese Vorliebe für verbindliche Regeln beherrscht auch die alltäglichen ethischen Entscheidungen: Die meisten Menschen treffen ihre Beschlüsse dergestalt, daß sie sich an abstrakte Prinzipien halten, die sagen, was ein „guter" Mensch zu tun hat. Ziemlich genau im selben Sinn ging Freud so weit, es als psychologische Störung anzusehen, wenn jemand unfähig oder nicht willens sei, sich auf abstrakte moralische Vernunftargumente einzulassen, d. h., Freud war der Auffassung, ein psychologisch intakter Mensch müsse in der Lage sein, aus einer Anzahl vorgegebener Bedingungen abzuleiten, was das Richtige für ihn sei. Für den westlichen Geist besteht folglich Immoralität darin, keine Regeln zu haben; und wer sich an keine Regeln hält, ist mehr oder weniger ein Nihilist.

Das Bedürfnis, die Zivilisation gegen einen derartigen Nihilismus zu verteidigen, wird durchweg damit begründet, man müsse die animalischen Triebe des Menschen in Schach halten. Vom Fluch des Kain beladen und auch ansonsten stets zur „Sünde" geneigt, bräuchten die Menschen ein Gewissen, das an Gottes Geboten ausgerichtet sei. In dieser Sicht heißt Menschsein fast dasselbe wie eines der wilden Tiere sein, die von H. G. Well's Doktor Moreau durch einen operativen Eingriff in Menschen verwandelt worden sind. Diese Kreaturen müssen nun zwar aufrecht gehen und Kleider tragen, aber sie werden immer noch von den Antrieben und Wünschen von Tieren beherrscht, und so sehen sie sich ständig hin- und hergerissen zwischen ihrer natürlichen Wildheit und den Regeln, die ihnen Doktor Moreau aufgestellt hat. So wird ihr Leben zu einem unablässigen Kampf: das Tier kämpft gegen den Menschen, der Geist gegen das Fleisch. Diese Pseudo-Menschen leben in einer ständigen Angst vor Moreaus Zorn, wenn sie die von ihm aufgestellten Regeln brechen.

Die westliche Zivilisation hält trotz der heutigen vorgeblich aufgeklärten und säkularisierten Zeit im wesentlichen immer noch stillschweigend an dieser Sicht der menschlichen Natur fest. Man könnte sagen, daß es weniger an der Erbsünde als an unserem Eigen-Interessse und unserer Machtgier liegt, daß wir immer wieder in antisoziale Tendenzen verfallen. Jedenfalls müssen sich zivilisierte Wesen an Regeln halten, um ihrer natürlichen Neigung zu Aggression und Menschenverachtung gegenzusteuern. Wenn man dann behauptet, wir sollten alle unhinterfragten ethischen Systeme als willkürlichen Unsinn aufgeben, ist das natürlich der Gipfel der Verrücktheit. Ohne Regeln, so heißt es, und ohne einen Sinn für Gerechtigkeit, der ihr unmoralisches Trachten nach dem eigenen Vorteil eindämmt, würde die Gesellschaft in eine haltlose Orgie des Chaos und der Zerstörung verfallen. Die Menschen würden zu barbarischen Monstern und dächten überhaupt nicht mehr an die Bedürfnisse und das Leiden anderer. Ohne die Zwänge straffer sozialer Regeln würde das Leben wieder in den von Hobbes beschriebenen Zustand des Kampfes aller gegen alle zurückfallen.

Aus der Sicht von Proudhon oder Lao-tse ist dieses Argument offensichtlich falsch, weil es auf einer falschen Voraussetzung bezüglich der natürlichen Verfassung des Menschen beruht. Die Tatsache, daß die Menschenwesen anscheinend so dringend Regeln brauchen, um ihre Habgier in Grenzen halten zu können, ergibt sich daraus, daß sie nicht mehr in ihrem natürlichen Zustand sind. Mit anderen Worten, in ihrem Naturzustand haben die Menschenwesen genau deshalb keine Regeln, weil sie keine solchen Regeln brauchen. Würde man die Menschen ihrer Natur überlassen, so wären sie friedlich und kooperativ und würden in einer Art spontaner Ordnung miteinander leben. Erst wenn sie den künstlich erzeugten Regeln der Gesellschaft unterworfen – also ihrer natürlichen Verfassung entfremdet – werden, treten alle möglichen sozialen Krankheitssymptome auf. So ist die Sozial- (im Unterschied zur Natur-) Ordnung eine Abweichung vom *wu-wei*, was auf eine Abweichung vom *Tao* hinweist. Wenn man sich dann an ethische Regeln klammert, kommt man nur immer weiter vom *Tao* ab, indem man immer mehr Schikanen einbaut.

Was der Theologe und der Philosoph für die Lösung halten, ist in Wirklichkeit genau das Problem. Die menschliche Natur ist tatsächlich „gefallen", aber nur dadurch, daß sie aus dem *wu-wei* herausgefallen ist. Um hier Heilung zu bewirken, muß man folglich unbedingt zur Natur zurück, statt immer weiter von ihr wegzulaufen. Man könnte auch sagen, das Problem des Bösen ergebe sich direkt daraus, daß man sich an das Gute klammert. Die Lösung bestünde darin, beides loszulassen.

So besehen, sind Gut und Böse zwei Spielarten ein und derselben dualistischen Einstellung. Daher ist es müßig, in Abrede zu stellen, daß es Dinge gebe, die man vernünftigerweise als gut oder als böse bezeichnen müsse; nur muß man deutlich sehen, daß man, wenn man sich auf diese Klassifizierung einläßt, sowohl Böses wie Gutes in Kauf nehmen muß. Wie bei jeder anderen dualistischen Struktur ergeben sich auch diese beiden Seiten aus ein und demselben Denkvorgang. Lao-tse hat das so gesagt:

Wenn auf Erden alle das Schöne als schön erkennen,
so ist dadurch schon das Häßliche gesetzt.
Wenn auf Erden alle das Gute als gut erkennen,
so ist dadurch schon das Nichtgute gesetzt. [53]

Demnach ist es buchstäblich unmöglich, nur allein Gutes zu wollen und gleichzeitig alles Böse ausschließen zu wollen; genausowenig kann man den Süden abschaffen, indem man möglichst weit nach Norden zieht. Oder, wie Alan Watts bemerkt hat: „Gott ohne das Böse wäre wie das Oben ohne das Unten." Wenn man folglich „ein Ideal daraus macht, nur Gutes zu tun, ist das, als versuche man, links abzuschaffen, indem man ständig nach rechts geht. Man verfällt dadurch dem Zwang, ständig im Kreis herumzulaufen." [54]

Letztlich gibt es kein Links oder Rechts, so wie es kein Gut oder Böse gibt. Es gibt nur das, was ist, so daß die Tätigkeit des Etikettierens nicht nur überflüssig, sondern geradezu gefährlich ist, sofern man diese Etiketten mit den wirklichen Dingen verwechselt. Solche Begriffe sind lediglich weitere Abstraktionen und als solche noch mehr begrifflicher Ballast, den man loswerden sollte.

Weil das Zen implizit die Wirklichkeit von Gerechtigkeit

---

[53] übersetzt von Richard Wilhelm, in: Laotse, *Tao Te King*, E. Diederichs Verlag, Düsseldorf/Köln 1978, 42.
[54] Alan Watts, *Zen. Tradition und lebendiger Weg*.

oder Moral leugnet, wird gelegentlich kritisiert, es sei unmoralisch und biete die Rechtfertigung für das Kreisen um sich selbst. Es heißt, indem das Zen den Wert schlichter Begriffe wie Richtig oder Falsch in Abrede stelle, erweise es sich als eine hohle, nihilistische Rechtfertigung für Selbstsucht und Selbstgefälligkeit.

Nun behauptet das Zen tatsächlich, die Moral sei etwas, das man überschreiten müsse, aber damit wird nicht eine Art Übermensch im Sinne Nietzsches proklamiert, wie uns das seine Kritiker glauben machen wollen. Jemand, der die Freiheit von den sozial definierten moralischen Konventionen erlangt hat, ist durchaus nicht gleichgültig gegenüber dem Wunsch seiner Mitmenschen nach Glück oder Sicherheit. In Wirklichkeit sieht der befreite Mensch alle diese Konventionen als das, was sie sind; künstliche, sozial definierte Spielregeln bar jeder notwendig zwingenden moralischen Kraft. Gewiß, manche dieser Regeln – etwa die Sanktionierung von Mord – sind durchaus sinnvoll, aber andere – etwa die vom Staat sanktionierte heterosexuelle Monogamie in der Form der Ehe – sind völlig willkürlich. Mehr noch: Wie wir gesehen haben, sind viele soziale Konventionen im Interesse bestimmter Gruppen eingeführt, die die Macht haben, sie festzuschreiben. So wird z. B. die Tat, jemanden umzubringen, um sich seiner Geldbörse zu bemächtigen, als „Mord" definiert, während der Tod eines Menschen im Straßenverkehr nur als „bedauerlicher Unfall" bezeichnet wird. Der Umstand, daß mehr Menschen im Straßenverkehr als durch „Mord" sterben, bleibt dabei irrelevant. Das Einführen von Geschwindigkeitsbeschränkungen, von denen man weiß, daß es die Unfall- und Todesrate drastisch senken würde, wird als politisch nicht durchsetzbar bezeichnet, weil die Autofahrer nicht auf ihre „Freiheit" des Schnellfahrens verzichten wollen. So wird im Namen einer „Freiheit" sozial offiziell sanktioniert, daß wir uns mit einer ganzen Anzahl vermeidbarer Todesfälle abfinden müssen.

Wie gefährlich es ist, solche willkürlichen Begriffe wie Gut und Böse ernst zu nehmen, läßt sich leicht daran aufzeigen, daß die meisten Leiden dieser Welt sich nicht aus dem bewußten Trachten nach dem Bösen, sondern aus dem zielstrebigen Trachten nach dem Guten ergeben. Schon ein oberflächlicher Blick auf die abendländische Geschichte zeigt, daß die abscheulichsten Greuel immer wieder im Namen einer guten Sache vollbracht worden sind. Die Inquisition, der Kolonialismus, die „Last des weißen Mannes", die atomaren Infernos von Hiroshima und Nagasaki, die chinesische Kulturrevolution, die Apartheid und selbst die Schlachtfelder Kambodschas waren nicht die Frucht vorsätzlich böser Absichten, sondern ergaben sich im Gefolge gutgemeinter Kreuzzüge im Namen der Moral und der politischen Gerechtigkeit. Der ganze Zweite Weltkrieg wurde motiviert von hirnlosen Abstraktionen über rassische Höherwertigkeit und Lebensraum. Selbst der Völkermord der Nazis stützte sich auf ein vermeintlich hehres Ideal der Rassenreinheit und Überlegenheit des germanischen Menschen, das wiederum die ganze Menschheit veredeln sollte. Diese sicher düsterste Episode der modernen Geschichte war das Ergebnis einer manichäischen Weltsicht, derzufolge die Guten die Bösen besiegen müssen. Wie Bob Dylan formuliert hat: „Though they murdered six million ... The Germans too had God on their side (Selbst als sie sechs Millionen umbrachten, ... hieß es auch für die Deutschen: ‚Gott mit uns'."

Die verzerrte Sicht seiner selbst oder der eigenen Sache als „gut", die sich aus höheren Prinzipien der Politik oder Religion ableitet, ist der Grund für das Entstehen einer anscheinend endlosen Menge sozialer Übel. Das Streben nach dem Guten als einer realen Wirklichkeit, der man wesentlich mehr Realität zuschreibt als etwa den vereinbarten Abstraktionen darüber, was ein Liter oder ein Kilometer ist, ermutigt die Menschen, dieses Ideal höher zu stellen als ihre eigene angeborene Natur. Folglich geben sie ihr Menschsein zugunsten der Moral oder der Rechtschaffenheit auf, und das gestattet es ihnen, gewalttätig und intolerant zu werden. Die Hexen wurden um ihres eigenen Wohls willen verbrannt: damit ihre Seelen gerettet würden. Die Kreuzfahrer töteten und verstümmelten die Araber, um das „Heilige Land" zu befrieden. In jeder amerikanischen Stadt gibt es Gruppen engagierter Aktivisten, die im Namen Gottes oder der Wahrheit dafür kämpfen, daß die Freiheitsrechte anderer Menschen eingeschränkt werden. Aus Schulbüchereien werden bestimmte Bücher entfernt, weil manche Leute darüber bestimmen wollen, was die anderen lesen sollen und was nicht; bestimmte Drogen werden für illegal erklärt, weil manche Leute bestimmen wollen, was andere einnehmen dürfen und was nicht; die Homosexuellen werden diskriminiert, weil manche Leute genau wissen wollen, welches Sexualverhalten „natürlich" ist und welches nicht; und so weiter und so fort. Bei jedem dieser Beispiele wird die Repression anderer damit gerechtfertigt, daß einige Individuen selbstsicher behaupten, ihre Wertmaßstäbe und Meinungen seien richtig, während diejenigen aller anderen falsch seien.

Diese merkwürdige Neigung, Abstraktionen für etwas Reales zu halten, zeigt sich auch besonders deutlich in dem, was man euphemistisch als „Nationale Sicherheitspolitik" bezeichnet. Seit dem Ausbruch des Kalten Krieges war die Führung der USA bereit und froh, Kriege gegen Zivilbevölkerungen etwa in Vietnam, Guatemala, El Salvador und Nicaragua führen zu können. Es gab keinen vernünftigen Grund dafür, sondern nur ein bodenloses System infantiler weltpolitischer Abstraktionen. Genauso waren sie wiederholt bereit, es über der Frage, ob wir eine Planwirtschaft haben sollten, zum Atomkrieg kommen zu lassen. Angesichts der Zahl von Leichen, die der Kalte Krieg um abstrakte Ideen gefordert hat, wird man schwerlich der Ansicht widersprechen können, die Welt wäre besser daran gewesen, wenn es diese Ideen gar nicht gegeben hätte, oder genauer: wenn man diese Ideen nicht mit etwas verwechselt hätte, das den Tod von Millionen von Menschen rechtfertigen könnte.

Aus der Sicht des Zen führen alle abstrakten Begriffe von Richtig und Falsch früher oder später in etwas Verkehrtes und Schädliches. Wenn man also erst einmal anfängt, sich auf die eine Seite der dualistischen Beziehung zwischen polaren Gegensätzen zu schlagen, läßt man sich immer auf ein Spiel ein, aus dem man unvermeidlich als Verlierer hervorgeht. In unseren Augen schlägt das Zen vor, alle derartigen Abstraktionen aufzugeben und die Entwicklung der Menschheit der von Natur aus guten Anlage des Menschen zu überlassen. Wenn die Welt nicht von der erdrückenden Last des Wunsches, Gutes zu tun, beschwert ist, wird sie ein besserer Ort. Anders gesagt, viel Übel in der Welt wäre behoben, wenn wir einfach damit aufhören würden, in den Kategorien von Gut und Böse zu denken, d. h. wenn wir die anderen so sein ließen, wie sie sind. Alle Konventionen führen immer wieder zu gefährlichen Formen geistiger Verwirrung, die die Menschen dann dazu treibt, ihr Menschsein auf dem Altar irgendeines Ideals zu opfern. Das äußert sich dann in so bizarren Begriffen wie „Christian soldiers" oder „Krieg für den Frieden".

Obwohl das Zen die Realität von Gut und Böse bestreitet, läßt es sich nicht auf die banale Aussage reduzieren: „Alles was ist, ist richtig." Ein Zen-Meister trauert beim Tod eines Freundes. Er/sie kann vielleicht bei einem Besuch in Treblinka die Tränen nicht unterdrücken und verspürt Wut oder Trauer angesichts von Armut oder Rassismus. Die Wirklichkeit so zu nehmen, wie sie ist, ohne sie anhand vorgefertigter Begriffe zu bewerten, bedeutet nicht, diese Wirklichkeit zu bejahen oder resigniert hinzunehmen. Aus demselben Grund, aus dem das Zen die Anweisung gibt:

„Wenn du Hunger hast, iß; wenn du müde bist, schlafe", stellt das Zen nicht in Abrede, daß manche Dinge unerwünscht seien oder geändert werden müßten. Aber das Zen sagt, diese Einsicht müsse sich natürlich und spontan ergeben, nicht aus dem bewußt vorgefaßten Wunsch heraus, das zu tun, was richtig ist. Genauso wie das Schlafengehen, wenn man gar nicht müde ist, zur Trägheit werden und das Essen, wenn man gar keinen Hunger hat, zur Korpulenz führen kann, kann es auch verheerende Folgen haben, wenn man das tut, was „richtig" ist, statt das, was natürlich ist und sich aus der inneren Logik der Situation als angemessen ergibt. Die Einteilung in Richtig und Falsch oder Angenehm und Schmerzlich in Frage zu stellen heißt also noch lange nicht, man wolle behaupten, daß man sich nicht um andere zu kümmern oder den schmerzenden Finger nicht von der Herdplatte zu nehmen brauche. Es geht vielmehr darum, deutlich darauf hinzuweisen, daß alles, was man tut, aus dem gleichen Impuls heraus erfolgen sollte wie das Wegziehen der Hand von der heißen Herdplatte. Wenn man sich die Finger verbrennt, zuckt man spontan und ganz natürlich mit der Hand zurück, ohne zuerst aufgrund abstrakter Begriffe über Lust und Schmerz eine Entscheidung zu treffen, was jetzt richtig ist. Genauso sollte man nicht deshalb bei einem vom Auto angefahrenen Fußgänger halten und ihm helfen, weil man von der Vernunft her argumentiert, es sei moralisch das Richtige, sondern das Zen sagt, man solle es tun, weil es ganz natürlich sei, das zu tun.

So steht das Zen für die Überzeugung, genau wie die Liebe beginne auch die Rettung der Welt vor der eigenen Haustür. Wenn man wirklich die Welt retten will, muß man zunächst sich selbst – und die Welt – vor seinen eigenen Anstrengungen, sie zu retten, retten. Das Tun muß sich ganz natürlich ergeben, spontan und unbeeinträchtigt von begrifflichen Erklärungen. Alle messianische Selbstgerechtigkeit, so aufrichtig und gut sie auch gemeint sein mag, nährt nur das eigene imaginäre Ego und führt im Lauf ihres Einsatzes zu mehr Übel, als es vernichten möchte. Wenn wir in einer Welt leben wollen, die frei vom Bösen ist, müssen wir erst frei vom Guten werden.

Der Despotismus in jeder Form hat seine Grundlage darin, wie wir die Welt und uns selbst wahrnehmen. Letztlich beruhen alle Repressionen nicht auf Gewehren, sondern auf Ideen. Sowohl die Individuen als auch die Gesellschaften, die sie bilden, neigen dazu, von dualistischen Abstraktionen voreingenommen zu sein, die sie für wirkliche Dinge halten. Zustände politischer und ökonomischer Unterdrückung sind zwar leider etwas nur zu Reales, aber endgültig lösen lassen sie sich nur, wenn man die Denkungsart ändert, die solche Repression intellektuell und kulturell als hinnehmbar erscheinen läßt. Echte soziale Emanzipation muß folglich bei jedem einzelnen beginnen, indem er sich aus der Blindheit löst, die alle sozialen Konventionen mit sich bringen. In diesem Sinn halten wir das Zen für eine Methode der Befreiung.

Zen verstehen

*Der Tod löst alle Probleme. Wo kein Mensch, da kein Pro-
blem.*   *Josef Stalin*

Zen versteht niemand.   *R. H. Blyth*

Das Stalin-Zitat könnte ein passender Grabspruch auf die
Barbareien sein, die er zu seinen Lebzeiten vollbracht hat.
Gleichzeitig paßt es ganz gut auf unsere Grundbefindlichkeit als Menschen. Tatsächlich stellt der Tod die endgültige
„Lösung" aller Probleme dar, von denen wir unser Leben
lang gepeinigt werden. Alle Methoden transzendentaler
Meditation einschließlich des Zen erweisen sich letztlich
als nutzlos, wenn wir hoffen, sie böten uns ein Heilmittel,
mit dem sich auf magische Weise das mit dem Menschsein
zuinnerst verbundene Leiden beheben lasse. Das Zen ist
nur insofern eine Antwort auf dieses Problem, als uns aufgeht, daß das Bemühen, eine Antwort zu finden, Teil des
Leidens ist, dem wir entkommen möchten. Das Zen bietet
zwar einen Ausweg aus dieser existentiellen Befindlichkeit,
aber nur, indem es die Schwellen aufhebt, die die Menschen
von der Erfahrung abschirmen, und nicht, indem es Flucht-
wege aus dieser Erfahrung eröffnet.

Letzen Endes ist Schmerz Schmerz. Die existentielle Erlösung davon besteht im Annehmen unseres Lebens, wie es
ist; sie liefert keinen Schutz gegen die Realität, daß das
Leben nicht immer angenehm ist. Man braucht kein starres
Ego, um zu empfinden, daß frostige Kälte unangenehm ist,
oder um über den Tod eines Angehörigen zu weinen. Zen

ist kein physisches oder psychologisches Narkosemittel, das Schmerzen und Trauer dämpft, sondern eine bestimmte Art, die Dinge zu sehen, wie sie wirklich sind (und folglich auch, wer wir wirklich sind).

Oder um noch einmal den Gedanken von Masao Abe aufzugreifen: Leben an sich heißt schon für sich selbst ein Problem sein.[55] Die Lösung besteht nicht darin, alle Probleme (und folglich das Leben) loszuwerden, sondern seinen Widerstand gegen das Leben aufzugeben. Wenn man sich an das Zen klammert, als wäre es ein Talisman, der uns vor Schmerzen schützen kann, verwechselt man die mentale Vorstellung von etwas namens „Zen" mit dem, was es wirklich ist. Das ist natürlich derselbe begriffliche Irrtum, der die Quelle aller unserer Schwierigkeiten ist, in der Welt einen Sinn zu entdecken. Wenn „Zen verstehen" überhaupt irgend etwas bedeutet, dann ist es das Verständnis, daß unserem Verständnis nun einmal Grenzen gesetzt sind. Dagegen kann es nicht heißen, daß wir zu den zahllosen begrifflichen Abstraktionen in unserem Kopf, die uns die Welt verstehen (und kaum erfahren) helfen, noch die zusätzliche abstrakte, intellektualisierte Vorstellung einer Sache namens „Zen" hinzufügen. Der Begriff des Zen mag zwar auf der Suche nach einer besseren und nützlicheren Deutung der Welt ungemein hilfreich sein, aber dennoch bleibt auch er lediglich ein weiteres Produkt unserer eigenen Einbildungskraft: Die Idee des Zen ist wie alle anderen Ideen völlig hohl und leer.

Diesen Sinn hat Blyths Bemerkung: Zen versteht niemand. Das bedeutet: Beim Verstehen handelt es sich immer um eine intellektuelle Übung, bei der eine bestimmte Abstraktion mittels anderer Abstraktionen erklärt wird. Oder, wie Robert Heilbroner sagt:

„Wenn ich etwas verstehe, bediene ich mich des Um-

---

[55] Masao Abe, *Zen and Western Thought*, University of Hawaii Press, Honolulu 1985, 6.

stands, daß wir in die Fülle von Anreizen, die von außen auf uns einstürmen und von innen in uns aufbrechen, eine begriffliche Ordnung bringen. Oder vielleicht läßt sich das ‚Verstehen‘ richtiger beschreiben als das Verfahren, der Fülle unsere selbsterfundene Ordnung aufzuerlegen. Wir tun das, indem wir sie in willkürliche Einheiten aufteilen und bestimmte Wahrnehmungsmuster entwerfen. Angemessener wäre es, das Universum als das wahrzunehmen, was unser Verstand uns sagt: nämlich, daß es lediglich ‚ein summendes, blühendes, üppig wucherndes Chaos‘ sei.“[56]

Zen können wir aus dem einfachen Grund nicht verstehen, weil es im Zen genau darum geht, den Versuch aufzugeben, unserer Erfahrung eine bestimmte „Ordnung“ aufzuzwingen. Von seiner Definition her heißt Verstehen, Sinnesdaten in ein künstliches Schema einzuordnen. Wenn nun das Zen gerade verlangt, daß man seine Erfahrung nicht irgendwelchen Begriffen ausliefert, bedeutet das, daß es im Zen kein Verstehen gibt. So besehen ist „Zen“ der letzte dualistische Begriff, den man um der mentalen Hygiene willen aufgeben muß. Wie ein erfolgreicher Schüler sich schließlich von seinen Lehrern verabschieden muß, mündet auch das wirkliche „Verstehen“ des Zen darin (oder fängt damit an), daß man das Zen selbst aufgibt.

Das wiederum führt uns in ein letztes Paradox. Zen ist ein Bewußtseinszustand (oder eher: gleicht einem solchen), in dem das Selbst, wie man es üblicherweise versteht, nicht existiert. Und weil niemand Zen versteht, weiß auch niemand, was es ist, also letztlich auch nicht, wie man es erlangt. Statt dessen entdecken bestimmte Individuen das Zen für sich selbst, ohne es von anderen zu lernen. So besehen ist jeder von uns der Schöpfer seines eigenen Zen und folglich seines eigenen Lebens.

---

[56] Robert Heilbroner, *The Nature and Logic of Capitalism*, W. W. Norton, New York 1985, 180.

Zen

Margrit Irgang
Zen-Buch der Lebenskunst
Band 5174

Das ist Zen für Lebenskünstler: souveräne Gelassenheit, Leichtigkeit und die Fähigkeit, in der Wahrheit des Augenblicks zu leben.

Kenneth S. Leong
Jesus – der Zenlehrer
Das Herz seiner Lehre
Band 5503

„Die spirituelle Seite des Zen, die Kunst des Lebens in der Haltung der Gelassenheit und des Vertrauens, trifft sich mit dem Kern der Evangelien" (Prof. Dr. Ludwig Wenzler).

Adelheid Meutes-Wilsing/Judith Bossert
Zen für jeden Tag
Ganzheitlich leben
Band 5124

Zen heißt: Aufmerksam sein für das, was ich gerade tue. Praktische Anleitungen für jeden Tag, die zu mehr Lebensfreude und innerer Ruhe führen.

Alan Watts
Zen Zen
Die Weisheit des Nichtstuns
Band 5271

Das Gegenrezept zum stressigen Dasein: Zen als Lebensstil und Lebenskunst – einfach und gelassen, mit Esprit und Humor.

Meister Ryokan
Alle Dinge sind im Herzen
Poetische Zen-Weisheiten
Band 5035

Wer die Texte des berühmten Meisters Ryokan liest, spürt die Weisheit des einfachen Lebens, staunt über seine Liebe für das Unmittelbare und fühlt sich in seinen Bann gezogen.

HERDER spektrum